اختر طريقة عملك (WoW!)

الأسلوب الرشيق (Agile) المنظم للارتقاء بطريقة عملك

الإصدار الثاني

سكوت أمبلر
مارك لاينز

Disciplined Agile

طُبّقت بيانات سجل فهرسة المنشورات بمكتبة الكونجرس.

الأسماء: سكوت أمبلر، 1966 - مؤلف. مارك لاينز، 1964 - مؤلف.
عنوان الكتاب: اختر طريقة عملك (wow): الأسلوب الرشيق (Agile) المنظم للارتقاء بطريقة عملك / سكوت أمبلر، مارك لاينز.
الوصف: الإصدار الثاني. | Newtown Square, Pennsylvania: Project Management Institute, Inc., [2022] |
يتضمن المراجع الببليوغرافية والفهرس. | ملخص: "مئات المؤسسات حول العالم قد استفادت بالفعل من تسليمات الأسلوب الرشيق (Agile) المنظم أسلوب الرشاقة المنظم (DA™) هو مجموعة الأدوات الشاملة الوحيدة المتاحة التي تقدم توجيهات بشأن بناء فرق عمل رشيقة عالية الأداء وتحسين طريقة عملك (WoW) كونه خليطًا من الأسلوب الرشيق الرائد والأسلوب الخالي من الهدر والأسلوب التقليدي، فالأسلوب الرشيق (Agile) المنظم يقدم مئات الاستراتيجيات التي تساعدك في اتخاذ قرارات أفضل داخل فرق العمل التي تتبنى الأسلوب الرشيق، كما تساعد في التنظيم الذاتي في ظل الحقائق الواقعة والقيود التي يتسم بها السياق المتفرد في مؤسستك"--تم التقديم من قبل الناشر.
المعُرِّفات: LCCN 2021062503 (print) | LCCN 2021062504 (ebook) | ISBN 9781628257540 (paperback) | ISBN 9781628257557 (ebook)
الموضوعات: LCSH: تطوير البرمجيات بالأسلوب الرشيق. | إدارة المشاريع. | الفِرق في مكان العمل
التصنيف: LCC QA76.76.D47 A42525 2022 (print) | LCC QA76.76.D47 (ebook) | DDC 005.1/112--dc23

سجل مكتبة الكونجرس متاح على الموقع الإلكتروني https://lccn.loc.gov/2021062503
سجل الكتاب الإلكتروني لمكتبة الكونجرس متاح على الموقع الإلكتروني https://lccn.loc.gov/2021062504

الرقم الدولي المعياري للكتاب (ISBN): 978-1-62825-772-4 (النسخة العربية)

الناشر: Project Management Institute, Inc.
14 Campus Boulevard
Newtown Square, Pennsylvania 19073-3299 USA
هاتف: 4600 356 610 1+
فاكس: 4647 356 610 1+
البريد الإلكتروني: customercare@pmi.org
الموقع الإلكتروني: www.PMI.org

لتقديم طلب تجاري أو للحصول على معلومات بشأن الأسعار، يرجى الاتصال بمؤسسة مجموعة الناشرين المستقلين (Independent Publishers Group):

Independent Publishers Group
Order Department
814 North Franklin Street
Chicago, IL 60610 USA
هاتف: 4741 888 800
فاكس: 5985 337 312 1+
البريد الإلكتروني: orders@ipgbook.com (للطلبات فقط)

10 9 8 7 6 5 4 3 2 1

مقدمة

"كل النماذج خاطئة، لكن بعضها مفيد."
- جورج بوكس، 1978

أنت مميَّز؛ أنت كرقاقة ثلج جميلة وفريدة، وكذلك عائلتك وأصدقاؤك ومجتمعك وفريقك وأقرانك وزملاؤك ومجال عملك ومؤسستك. لا توجد مؤسسة أخرى بها ذات المجموعات من الأفراد أو الأنماط السلوكية أو طرق العمل أو الحالة الجارية أو المعوقات أو العملاء أو العلامة التجارية أو القيم أو التاريخ أو الأعراف أو الهوية أو الطريقة المتبعة لفعل الأشياء، كما في مؤسستك أنت.

إن سلوك مؤسستك طارئ؛ الكل أكبر من مجموع الأجزاء، فالكل له خصائص فريدة ليست للأفراد. العمل يؤدي إلى التغيير. السلوكات الفردية والجماعية تتطور وتنتظم ذاتيًا في حالة بدء التغيير. التدخلات نهائية لا رجعة فيها، مثل إضافة الحليب إلى القهوة. والأنظمة تتغير. لا ينسى الناس ما حدث ولا ينسون نتائجه. الأنظمة تتطور بالتعلم. في المرة التالية، ستختلف الاستجابة للتغيير، إما إيجابيًا أو سلبيًا. وهذا يعكس ما حدث في المرة السابقة ويعتمد على مستوى التحفيز. سياقاتكم ليست فقط متفردة، لكنها أيضًا تتغير باستمرار وبطُرق متباينة.

بهذه الطبيعة المتفردة والطارئة والقابلة للتكييف، لا يمكن تقديم مجموعة واحدة من الممارسات ترتقي بالمخرجات في كل السياقات. مجموعة واحدة من الممارسات قد تحسّن المخرجات في سياقٍ معين في مرحلة زمنية معينة. بمرور الوقت، بينما يتغير النظام بظهور معوقات وعوامل تمكين جديدة، لن يبقى في أفضل حال. لا يوجد شيء واحد يناسب الجميع. لا يوجد دواء يعالج كل الأمراض. لدى مؤسستك العشرات أو المئات أو ربما الآلاف من السياقات المتضمنة في سياقات أخرى، وكلٌ منها فريد. وفرض أسلوبٍ واحدٍ عبر العديد من السياقات قد يؤتي ثماره في بعض الحالات، إلا أنه سوف يعوق البعض ويؤثر تأثيرًا كارثيًا في البعض الآخر.

من المهم معرفة كيفية تبنّي الممارسات، وليس فقط معرفة ماهية هذه الممارسات. لتحسينٍ يبقى أثرُه ومن أجل تطبيق عقليةٍ رشيقة فعالة، يجب أن يبقى مركز التحكم داخليًا. يحتاج الأفراد إلى السلطة والتمكين لكن ضمن ضوابط حتى يمكنهم التجريب بغرض التحسين وتحقيق المخرجات المرغوبة. الاتساق والسلطة مطلوبان كلاهما على مستوى عالٍ. ففرض الأمر من القيادة على الأفراد يسهم في إضعاف قوتهم، حيث يكون مركز التحكم خارجيًا. مع سياسة الفرض، لن يتحمل الأفراد المسؤولية عما يحدث، وربما يتعمدون فعل أشياء عواقبها وخيمة، وهو سلوكٌ يُعرف بحالة الانصياع للسلطة.

الأسلوب الرشيق (Agile) المنظم مُصمم للتكفل بهذه الحقائق، ألا وهي الطبيعة المتفردة والطارئة والقابلة للتكيف في السياقات المختلفة. يقدم الأسلوب الرشيق (Agile) المنظم ضوابط وتوجيه ووعي مؤسسي. لذا فهو متفردٌ في هذا الشأن. فهو يقدم إطارًا موحدًا للمصطلحات والحد الأدنى من الضوابط المقبولة، ما يسهم في منح التمكين والسلطة لفرق العمل والفرق المكونة من عدة فرق من أجل تحسين مخرجاتهم بما يرونه ملائمًا، مع بقاء مركز التحكم داخليًا. فمثلاً لا يجب على كل أحد اتباع أسلوب إلزامي ومتزامن وقائم على التكرارات. من خلال خبرتي، في مؤسسة كبيرة تتضمن عدّة سياقات، تناسب التكرارات المتزامنة سياقًا واحدًا (مثلاً عدة فرق تعمل على منتج واحدٍ بمستوى منخفض من الاحترافية وفي وجود أوجهٍ من الاعتماد التي لم يتم التخلص أو الحد منها) لكنها لا تناسب 99 سياقاً آخرين. هذا ليس تطبيقًا للعقلية الرشيقة. بعض مجالات الأعمال يناسبها أكثر تبنّي أسلوب كانبان من البداية، خاصةً في البيئات ذات الثقافة المريضة حيث تسود سياسة اللوم والتعنيف. التطوير بدلاً من التغيير الثوري قد يجد فرصةً للتقدم. التغيير الثوري يتضمن صعوبة؛ فمع غياب الأمان النفسي، سوف تقوى العوامل المضادة للتغيير. في بعض مجالات الأعمال، التي اعتاد الأفراد بها على العمل بهذه الطريقة في بيئات تتبنّى الأسلوب الرشيق لمدةٍ تزيد على 20 عامًا وفي وجود الأمان النفسي، قد يجري اختيار أسلوبٍ أكثر ثورية، حيث تتوافر تربة خصبة لذلك، بوجود أفرادٍ أكثر استعدادًا وفي ظل النظر إلى التجارب الفاشلة من منظورٍ إيجابي.

الأسلوب الرشيق (Agile) المنظم يتيح أسلوبًا متنوعًا وليس أُحاديًا عبر مؤسساتٍ متنوعة ومعقدة. فهو يتضمن مبادئ مثل "الاختيار أمر جيد" و"السياق مهم" و"الوعي المؤسسي". فهو يساعد في إقامة النظام الذي تحتاجه المؤسسات دون أن يفرض عليها أساليب لا تلائمها. كما أنه يقدم نظام مصطلحات موحد، ومع أهداف طريقة العمل، يقدم خيارات يمكنك النظر فيها في سياقك المتفرد بمستويات متنوعة من الاحترافية. هذا يتطلب من الأفراد التفكير بدلاً من اتباع الأوامر، أن يتحملوا المسؤولية ويجربوا أمورًا مختلفة للوصول إلى مخرجات محددة، لا أن يجعلوا اتباع الأسلوب الرشيق هو الهدف بحد ذاته. هذا أصعب من اتباع نهجٍ وصفي أو **إملاء**، حيث يتطلب قيادة خدمية وتدريب، بنفس الطريقة المطلوبة لتعلّم قيادة السيارات، أو التزلج، أو العزف على آلةٍ موسيقية، أو العزف ضمن أوركسترا أو اللعب ضمن فريق رياضي. بما أن هذا الأسلوب لا يقدم شيئًا واحدًا يناسب كل الحالات، ولا يقدم منهجًا وصفيًا (فمثلاً، إنها لمغالطة أن نُقلد "نموذج سبوتيفاي" في كل مجالات وأقسام شركةٍ ما، وهو ما تقول ®Spotify نفسها أنه ليس ما يرمي إليه نموذجها). فهذا الأسلوب القائم على السياق، الذي يدعو الأفراد إلى المشاركة بدلاً من فرض الأمر عليهم، يؤدي إلى نتائج أفضل كما أنه أكثر ميلاً للبقاء، حيث إنه نابعٌ من داخل الفريق، ومركز التحكم فيه داخلي، وهو أمر يتولاه الأفراد بأنفسهم. فلا تقع المسؤولية على شخصٍ بعينه ولا يوجد فرد معين داخل الفريق أو خارجه هو المسؤول عن إبقاء سير العمل ظاهريًا في حالةٍ جيدة. بل يبدأ الأمر ببناء عضلة التحسين المستمر والحفاظ على قوتها.

في ظل الأسلوب الرشيق (Agile) المنظم، إن اختارت فرق العمل تبنّي إسكرام، أو أحد الأنماط القائمة عليه، مثل إسكرام واسعة النطاق (LeSS) أو الإطار الرشيق المتدرج (SAFe®) أو نيكسس (Nexus®) أو إسكرام على نطاقٍ واسع، أو أسلوبًا تطوريًا قائمًا على السحب التدريجي لبنود العمل والحد من كمية العمل الجاري، حيث يرون أن هذا سوف يؤدي إلى نتائج مُثلى في سياقهم المتفرد، فلهم الحق في ذلك: فهذا الأسلوب يدعم تبنّي "جميع أطر العمل" وليس "غياب أُطر العمل" أو "فرض إطار عملٍ واحد". يتيح الأسلوب الرشيق المنظم الحد الأدنى المقبول من الاتساق عبر المؤسسة بالإضافة إلى التوجيه، وهو ما لا غنى عنه إلا في أصغر الشركات.

فالمهمة التي تستخدم الأسلوب الرشيق (Agile) المنظم لإنجازها هي إتاحة أساليب رشيقة حساسة للسياق ومتنوعة، وهو ما سيرتقي بالمُخرجات إلى أقصى حد عبر المؤسسة بأسرها. كما هو الحال في كل شيء، تعامل مع الأمر على أنه نقطة انطلاق لا محطة وصول. بينما يرتفع مستوى الاحترافية عبر مؤسستك، يتعين عليك الاستمرار في الفحص والتكييف. هذا الكتاب دليلٌ لا غنى عنه لمن أراد الارتقاء بطرق العمل إلى أقصى حد في المؤسسات ذات البيئات المتنوعة.

جوناثان سمارت @jonsmart
قائد الأسلوب الرشيق المؤسسي، ديلويت
رئيس سابق لطرق العمل، باركليز

تمهيد

تطوير البرمجيات أمر مباشر بشكل لا يصدق، وربما نتجرأ فنقول إنه قد يكون أبسط المهام في المؤسسات الحديثة. فهو يتطلب القليل جدًا من المهارة التقنية ولا يكاد يحتاج إلى كثير من التعاون بين المُطوّرين كما أنه أمر عادي ومتكرر جدًا حتى إنه ليمكن لأي أحد إنشاء برنامج باتباع خطوات بسيطة وقابلة للتكرار. إن المجموعة الصغيرة من تقنيات تطوير البرمجيات كان قد تم إنشاؤها والاتفاق عليها منذ عقود، ويمكن تعلّمها بسهولة في أيام معدودات، وهي مقبولة ومعروفة بين ممارسي تطوير البرمجيات. يستطيع الأشخاص المعنيون لدينا التعبير عن احتياجاتهم بوضوح في مرحلة مبكرة من دورة الحياة، وهم متاحون ومستعدون تمامًا للعمل معنا، كما أنهم لا يغيرون رأيهم أبدًا. إن البرمجيات ومصادر البيانات التي تم إنشاؤها فيما سبق تتسم بجودةٍ عالية، وهي سهلة الفهم والتطوير، ويُرفق بها مجموعة مؤتمتة بالكامل من اختبارات الانحدار ومستندات الدعم عالية الجودة. تتمتع فرق تطوير البرمجيات دائمًا بالتحكم التام في مصيرهم، وتدعمهم ممارسات فعالة بشأن الحوكمة المؤسسية والتوريدات والتمويل التي تعكس وتسهم في تمكين الحقائق التي نواجهها. وبالطبع من السهل توظيف مطوري برمجيات موهوبين والاحتفاظ بهم.

لكن للأسف ربما فقط القليل جدًا - أو لا شيء - مما ورد في الفقرة السابقة يشبه حتى من بعيد الحالة التي تواجهها مؤسستك اليوم. فتطوير البرمجيات معقد، والبيئات التي يعمل فيها مطورو البرمجيات معقدة كذلك، والتقنيات التي نستخدمها معقدة ومتغيرة باستمرار، والمشكلات التي يُطلب منّا حلّها أيضًا معقدة ومتطورة. حان الوقت إذن للتسليم بهذا التعقيد وتقبّل الحالة التي بين أيدينا واختيار التعامل معها مباشرةً.

لماذا تحتاج إلى قراءة هذا الكتاب

من مبادئ الأسلوب الرشيق أنه يجب على الفريق بانتظام أن يعكس استراتيجيته ويسعى إلى تحسينها. إحدى الطرق التي يمكن بواسطتها فعل ذلك هي لعبة القارب الرجعية، حيث نتساءل عن المرساة التي تمسك بقاربنا والصخور والعواصف التي يجب أن نحذر منها وعن الرياح التي سوف تقود القارب إلى النجاح. هيا نلعب هذه اللعبة مع الحالة القائمة للتطوير الرشيق لمنتجٍ في سياق شخصٍ ما. نفترض أنه أنت، يأمل في مساعدة فريقه في اختيار وتطوير طريقة عملهم (WoW).

أولًا، توجد أشياء عديدة ربما تكون هي ما يعوقكم:

1. **تطوير المنتجات أمرٌ معقد.** كمحترفين، يُدفع إلينا الكثير من المال لأن ما نفعله معقد. يجب أن تتناول طريقة العمل كيفية التعامل مع المتطلبات والمعمارية والاختبار والتصميم والبرمجة والإدارة والنشر والحوكمة وغيرها الكثير من جوانب تطوير البرمجيات / المنتجات بطرقٍ متنوعة. كما يجب أن تصف كيفية القيام بهذا كله عبر دورة الحياة بأكملها من البداية إلى النهاية، بالإضافة إلى التعامل مع الحالة المتفردة التي يواجهها الفريق. يساعد هذا الكتاب من عدة نواحي في إبراز التعقيدات التي يواجهها مطورو البرمجيات ويقدم مجموعة مرنة وحساسة للسياق من أجل التعامل معها.
2. **عقدة أسلوب الرشاقة بالصناعة (AIC).** مارتن فاولر، في كلمة افتتاحية بمؤتمر عُقد في ملبورن في أغسطس 2018، ابتكر العبارة التي يمكن ترجمتها إلى "عقدة أسلوب الرشاقة بالصناعة" [Fowler]. فذكر أننا الآن في عصر هذه العقدة مع الأُطر الوصفية التي تُفرض روتينيًا على فرق العمل وعلى المؤسسة بأسرها، بافتراض أن هذا سوف يتيح للإدارة قدرًا من السيطرة على الأمور الجنونية في الأسلوب الرشيق. في مثل هذه البيئات، سوف يتم "نشر" مجموعة من طرق العمل التي يحددها الإطار الذي تم اختياره – سواءً كان هذا منطقيًا بالنسبة لفريقك أم لا. إننا سوف ننشر هذا وعليك قبوله وتحمل مسؤوليته – ولا تحلم في محاولة تغييره أو تحسينه لأن الإدارة ترغب في "الحد من التنوع في طرق العمل". وكما يوصي إطار كينيفن، لا يمكنك حل مشكلة معقدة بتطبيقِ حلٍ سهل [Cynefin].
3. **نمو الأسلوب الرشيق تجاوز إلى حدٍ بعيدٍ المتوفر من المدربين ذوي الخبرة.** بالرغم من وجود بعض مدربي الأسلوب الرشيق المهرة، فعددهم للأسف لا يفي بالطلب. المدربون الأكفاء يتمتعون بمهاراتٍ فائقة وأعوامٍ من الخبرة، ليس أيامًا من التدريب، في المادة التي يدربونك عليها. في الكثير من المؤسسات، نجد مدربين يتعلمون بفاعلية حال أداء وظيفتهم، كمثل أستاذ الجامعة الذي يقرأ ويسبق طلابه في قراءة الفصل. فهؤلاء يمكنهم التعامل مع المشكلات المباشرة لكنهم يَلقون مشقةً في التعامل مع أي شيء يبعد كثيرًا عمّا يمكن أن تتعامل معه طرق عمل عقدة أسلوب الرشاقة بالصناعة المفروضة عليهم.

كما يوجد العديد من الأشياء التي يجب الحذر منها لأنها قد تؤدي إلى جنوح قاربنا:

- **وعود زائفة.** ربما سمعت عن مدربي الأسلوب الرشيق الذين يزعمون القدرة على مضاعفة الإنتاجية 10 مرات من خلال تبنّي الأسلوب الرشيق، لكنهم غير قادرين على تقديم أية مقاييس تدعم هذا الزعم. أو ربما قرأتَ كتابًا يزعم في عنوانه أن إسكرام يمكنك من مضاعفة العمل إلى ضعفين في نصف الوقت [Sutherland]؟ بل إن الحقيقة هي أن المؤسسات، في المتوسط، تشهد تحسيناتٍ تقارب 7–12% في الفرق الصغيرة و3–5% في الفرق التي تعمل على نطاقٍ واسع.
- **مزيد من الحلول السحرية.** كيف تقتل مستذئبًا؟ طلقة نارية واحدة هي الحل السحري! في منتصف الثمانينيات من القرن الماضي، علمنا فريد بروكس (Fred Brooks) أنه لا يوجد تغيير واحد يمكنك إجراؤه في مجال تطوير البرمجيات، أو تقنية يمكنك شراؤها، أو طريقة عمل يمكنك تبنّيها، أو أداة يمكنك تثبيتها، تستطيع أن تعطيك الحجم الهائل من تحسين الإنتاجية الذي قد تحلم به [Brooks]. بعبارةٍ أخرى، لا توجد حلول سحرية لتطوير البرمجيات، بغض النظر عن وعود البرامج التي تجعلك "خبيرًا معتمدًا" بعد يومين من التدريب، أو استشاري برامج بعد 4 أيام، أو ما إلى ذلك من وعود الوصول السريع. ما تحتاجه حقًا هو مجموعة من الأفراد ذوي المهارة والمعرفة وحبذا الخبرة يعملون معًا بفاعلية.

- **شعبية طريقة العمل.** غالبًا نرى مؤسسات يتلخص اتخاذ قرارات القيادة فيها - عندما يتعلق الأمر بطرق عمل تطوير البرمجيات - في سياسة "اسأل شركة تحليلات في المجال عن الأسلوب الأكثر شعبية" أو "ما الذي يتبنّاه منافسونا؟" بدلاً من النظر فيما يناسب سياقهم على أفضل نحو. تتغذى شعبية طرق العمل على وعود زائفة ورجاء القيادة في العثور على حلٍ سحري للتحديات الجوهرية التي يواجهونها بشأن تحسين طرق العمل في مؤسستهم. أغلب الأساليب وأُطر العمل الرشيقة وصفية، بغض النظر عن مزاعمهم التسويقية - عندما تُعطى مجموعة صغيرة من التقنيات من بين الألوف الموجودة ولا تُعطى خيارات واضحة لتكييف هذه التقنيات، فهذا أقرب ما يكون إلى الوصفية. نحن نتفهم أن العديد من الأشخاص يريدون فقط إخبارهم بما يتعين عليهم فعله، لكن إن لم يكن هذا الأسلوب / إطار العمل يتناول فعلاً المشكلة التي تواجهها، فإن تبنّيه على الأرجح لن يسهم كثيرًا في معالجة الموقف.

لحسن الحظ، توجد عدة أشياء هي كمثل "الريح لأشرعتنا" قد تجعلك تقرأ هذا الكتاب:

- **يراعي تفرّدك.** يقر هذا الكتاب أن فريقك متفرد ويواجه حالةً متفردةً أيضًا. لا مزيد من الوعود الكاذبة من قبيل "طريقة عمل واحدة تناسب كل الحالات" والتي يصاحب تبنّيها قدر كبير من الاضطراب المشوب بالمخاطرة.
- **يتعامل مع التعقيد الذي تواجهه.** يعكس الأسلوب الرشيق (Agile) المنظم (DA™) بفاعلية التعقيدات الداخلية التي تواجهها ويقدم تمثيلاً ميسرًا للمساعدة في توجيه جهود تحسين طريقة عملك. لا مزيد من الحلول السحرية السطحية أو أطر طرق العمل التي تغفل التحديات المتنوعة التي تواجهها مؤسستك، حيث إن هذا الأسلوب لن ينجح مع التدريب الذي يُعرض عليك من أجل الحصول على الاعتماد.
- **يقدم خيارات واضحة.** يقدم هذا الكتاب الأدوات التي تحتاجها لاتخاذ قراراتٍ أفضل تؤدي بدورها إلى نتائج أفضل. باختصار، هو يمكّن فريقك من التحكم في طريقة عملهم واختيارها بما يعكس التوجه العام لمؤسستك. كما يقدم هذا الكتاب استراتيجية مُثبتة للتحسين المستمر الموجه (GCI)، وهي استراتيجية تحسين طريقة العمل القائمة على الفريق بدلًا من التبنّي الساذج لما يُسمى "طريقة العمل الشعبية".
- **يقدم نصائح تصلح لأي حالة.** لا يقتصر هذا الكتاب على التوصية بإطار عمل أو أسلوب واحد، كما أنه لا يقتصر على الأساليب الرشيقة والخالية من الهدر. فلسفتنا هي البحث عن الأفكار الرائعة بغض النظر عن مصدرها والإقرار بأنه لا يوجد ما يُسمى "أفضل الممارسات" (ولا أسوأ الممارسات). عندما نتعلم تقنية جديدة، نسعى إلى معرفة نقاط القوة والضعف فيها والحالات التي يمكن (أو لا يمكن) تطبيقها فيها.

في التدريب الذي نقدمه، تصلنا غالبًا تعليقات مثل "أتمنى لو عرفت هذا قبل 5 سنوات"، أو "أتمنى لو أن مدربي إسكرام الذين تدربت على أيديهم يعرفون هذا الآن"، أو "عندما أتيت إلى هذه الورشة، كنت أظن أنني أعلم كل شيء عن التطوير الرشيق، لكنني كنت مخطئًا!" نظن أنك سوف تشعر بمثل هذا الشعور حيال هذا الكتاب.

كيفية ترتيب الكتاب

هذا الكتاب مقسمٌ إلى سبعة فصول:

- **الفصل الأول: اختر طريقة عملك (WoW!)** نبذة عامة عن مجموعة الأسلوب الرشيق (Agile) المنظم.
- **الفصل الثاني: الانضباط.** القيم والمبادئ والفلسفات الخاصة بممارسة الأسلوب الرشيق المنظم.
- **الفصل الثالث: موجز التسليم الرشيق المُنظَم.** نبذة عامة عن التسليم الرشيق المنظم، وهو الجزء الخاص بتسليم الحل البرمجي في مجموعة الأسلوب الرشيق (Agile) المنظم.
- **الفصل الرابع: الأدوار والحقوق والمسؤوليات.** مناقشة للأفراد والتفاعلات.
- **الفصل الخامس: أهداف طريقة العمل.** كيف تُركز على نتائج طريقة العمل بدلاً من الامتثال لطريقة عمل إلزامية حتى يتوفر لفريقك تطبيق أسلوبٍ يلائم الغرض المطلوب.
- **الفصل السادس: اختيار دورة الحياة المناسبة.** كيف يمكن للفِرق أن تعمل بطرقٍ فريدة، لكن تُمكن إدارتها بشكلٍ متّسق.
- **الفصل السابع: النجاح المنظم.** إلى أين ننطلق من هنا.

ثم توجد بالطبع الصفحات الأخيرة من الكتاب التي تتضمن المراجع وقائمة الاختصارات وفهرس المحتويات.

لمن هذا الكتاب؟

هذا الكتاب لمن يريد تحسين طريقة عمل فريقه (WoW). فهو لمن لديهم الاستعداد للتفكير خارج "الصندوق الرشيق" وتجريب طرق عمل جديدة، بغض النظر عن مستوى أصوليتهم في الأسلوب الرشيق. إنه لمن يدرك أن السياق مهم وأن كل شخص يواجه حالة متفردة ويعمل بطريقته الخاصة المتفردة أيضًا وأنه لا وجود لطريقة عمل واحدة تناسب جميع الحالات. إنه لمن أدرك، بالرغم من وجوده في موقف متفرد، أن غيره قد واجهوا مواقف شبيهة من قبل وتوصلوا إلى استراتيجيات متنوعة يمكنه تبنّيها وتكييفها - يمكنك إعادة استخدام المعارف التي اكتسبها الآخرون من طرق العمل وبالتالي استثمار طاقاتك لإضافة قيمة تجارية جوهرية لمؤسستك.

هدفنا من كتابة هذا الكتاب هو تقديم نبذة عامة عن الأسلوب الرشيق المنظم مع التركيز على جزئه الخاص بالتسليم الرشيق المنظم.

شكر وتقدير

نود تقديم الشكر والتقدير للتالي ذكرهم على كل إسهاماتهم وجهدهم لمساعدتنا في تأليف هذا الكتاب. لم نكن لننجح من دونكم!

Beverley Ambler
Joshua Barnes
Klaus Boedker
Kiron Bondale
Tom Boulet
Paul Carvalho
Chris Celsie
Daniel Gagnon
Drennan Govender
Bjorn Gustafsson
Michelle Harrison
Michael Kogan
Katherine Lines
Louise Lines
Glen Little
Lana Miles
Valentin Tudor Mocanu
Maciej Mordaka
Charlie Mott
Jerry Nicholas
Edson Portilho
Simon Powers
Aldo Rall
Frank Schophuizen
Al Shalloway
David Shapiro
Paul Sims
Kim Shinners
Jonathan Smart
Roly Stimson
Jim Trott
Klaas van Gend
Abhishek Vernal
Jaco Viljoen

المحتويات

الفصل الأول

كيف تختار طريقة عملك (WoW!)

مواطن فخر المرء قد تكون سبب هلاكه، وعلى الإنسان أن يعلم متى يتوجه للآخرين لطلب الدعم والإرشاد. - بير جريلز

النقاط الرئيسية في هذا الفصل

- تمتلك فرق التسليم الرشيق المُنظَم سلطة اختيار طريقة العمل الخاصة بهم.
- أنت بحاجة إلى "الرشاقة" ومعرفة كيفية تحقيقها!
- تسليم الحلول أمر معقد؛ لا توجد إجابة سهلة توضح كيفية أداء الأمر.
- الأسلوب الرشيق المُنظَم® يوفر الدعم - مجموعة من النصائح التي تصلح لمختلف الحالات - اللازم لاختيار طريقة العمل.
- لقد واجه آخرون تحديات مماثلة لتلك التي تواجهها، وتمكنوا من التغلب عليها. الأسلوب الرشيق المُنظَم يسمح لك بتعزيز عملية التعلم لدى الفريق.
- يمكنك استخدام هذا الكتاب كدليل إرشادي للبدء في اختيار طريقة عملك ومن ثم يمكنك تطويرها عبر الزمن.
- الهدف الحقيقي هو تحقيق النتائج المؤسسية المرجوّة بكفاءة، وليس تبني الأسلوب الرشيق بحد ذاته هدفًا.
- القرارات الأفضل تؤدي إلى نتائج أفضل.

أهلاً بك في "اختر طريقة عملك (WoW!)"وهو كتاب يتناول كيف يمكن لفريق العمل بمجال تطوير البرمجيات بالأسلوب الرشيق، أو بعبارة أدق في مجال تسليم الحلول البرمجية الخالية من الهدر/ الرشيقة، أن يختاروا طريقة عملهم. يناقش هذا الفصل بعض المفاهيم الجوهرية حول أهمية اختيار طريقة العمل والاستراتيجيات الأساسية لفعل ذلك وكيف يمكن لهذا الكتاب مساعدتك في تنفيذ الأمر بفاعلية.

لماذا يجب على فريق العمل اختيار طريقة عمله؟

غالبًا يُترك لفريق عمل البرمجيات بالأسلوب الرشيق إقرار إجراءاتهم واختيار طريقة عملهم. هذه النصيحة جيدة للغاية وذلك لعدة أسباب:

- **أهمية السياق** يعمل الناس وفرق العمل بطريقة مختلفة اعتمادًا على سياق ظروفهم. كل شخص فريد، وكذلك كل فريق عمل، لذا يجد كل فريق عمل نفسه في حالة فريدة. فالفريق المكون من 5 أفراد يعمل بطريقة مختلفة عن طريقة فريق مكون من 20 أو 50 فرد. والفريق الذي يعمل في وضع منظم حساس يختلف أداؤه عن ذلك الذي يعمل في وضع غير منظم. كما أن فريقنا سيعمل بطريقة مختلفة عن فريقك لأننا أشخاص مختلفون ولكل منا مهاراته وتفضيلاته وخلفياته المتفردة.
- **الاختيار أمر جيد** حتى يكون الفريق فعالًا. يجب عليه اختيار الممارسات والاستراتيجيات للاستجابة للظروف التي يواجهونها. يتضمن ذلك معرفة الخيارات المتاحة والموازنات الخاصة بكل منها ومتى يمكن (أو لا يمكن) تطبيقها. بعبارةٍ أخرى، يجب على الفريق امتلاك خلفية عميقة عن طريقة العمل في مجال البرمجيات، وهو أمر يمتلكه قليل من الناس، أو الحصول على دليل جيد لمساعدته في تحديد الخيارات المتعلقة بطريقة العمل. لحسن الحظ، هذا الكتاب يعد دليلًا جيدًا للغاية.
- **يجب أن نُحسِّن تدفق العمل** فمن خلال ذلك نريد تحقيق الفاعلية في طريقة عملنا والوصول إلى الحالة المثالية من إرضاء العملاء/ أصحاب الشأن. لتنفيذ هذا الأمر، نحتاج إلى تحقيق التدفق الأفضل للعمل داخل الفريق وتحسين طريقة التعاون مع فرق العمل الأخرى في المؤسسة.
- **لنكن مذهلين.** من منا لا يريد أن يكون مذهلاً فيما يعمل؟ من منا لا يريد العمل ضمن فريق مذهل أو لدى مؤسسة مذهلة؟ جزءٌ هام من كونك مذهلاً هو أن تمكن فرق العمل من اختيار طريقة عملهم وإتاحة الفرصة لهم باستمرار للتجربة لاستكشاف طرق عمل أفضل.

باختصار، نؤمن أن هذا هو الوقت المناسب لاستعادة أسلوب الرشاقة في الأداء. لقد صاغ "مارتين فاولر" مؤخرًا مصطلح "عقدة أسلوب الرشاقة بالصناعة" للإشارة إلى أن بعض فرق العمل تتبع استراتيجية "زائفة" أحيانًا توصف بأنها "رشيقة" لكن تبقى اسمًا على غير مسمّى. تكون هذه هي النتيجة غالبًا عندما تتبع المؤسسة إطار عمل توجيهي، مثل إطار الأسلوب الرشيق المتدرج (SAFe®) ثم إلزام فرق العمل بتبنيه بغض النظر عن منطقية هذا التبني (وهو أمر نادر الحدوث)، أو إلزام فرق العمل بتطبيق معياري مؤسسي لدليل سكرم (Scrum Guide) [تأليف شوابر وبيدل]. لكن الأسلوب الرشيق المعترف به واضح للغاية؛ فهو يعطي الأولوية للأفراد والتفاعلات أكثر من الإجراءات والأدوات – يجب منح فرق العمل الفرصة، بل والأفضل دعمهم، لاختيار طريقة عملهم ومن ثَم تطويرها.

أنت بحاجة إلى أن "تملك أسلوب رشيق" و أن تعرف كيف "تعمل بأسلوب رشيق"!

أوليفيا، ابنة سكوت، تبلغ من العمر 11 عامًا. هي وأصدقاؤها من أكثر الأشخاص رشاقةً فيمن قابلناهم. فهم محترمون (بالقدر الذي يمكن أن يكون عليه أطفال بعمر 11 عاما) ومتفتحوا العقول ومتعاونون وحريصون على التعلم ولا يكفّون عن التجربة. من الواضح جليًا أنهم يتبنون عقلية الأسلوب الرشيق. لكن إن كلفناهم بتطوير برمجيات فالنتيجة ستكون كارثية. لماذا؟ هذا لأنهم لا يملكون المهارات المطلوبة. وبالمثل، ستكون النتيجة كارثية إن كلفناهم بالتفاوض بشأن عقد تبلغ قيمته ملايين الدولارات، أو تطوير استراتيجية تسويق لمنتجٍ جديد، أو قيادة تدفق قيمة أعمال تضم 4000 شخص، أو ما شابه ذلك. يمكنهم تطوير هذه المهارات بمرور الوقت، لكنهم الآن لا يعرفون ما يفعلون بالرغم من تبنيهم أسلوبًا رشيقًا للغاية. لقد رأينا فرق عمل تتألف من أفراد ينتمون إلى جيل الألفية ويتعاونون بصورة طبيعية للغاية ولديهم المهارات المطلوبة لأداء وظائفهم بالرغم من قلة خبرتهم في فهم التبعات المؤسسية لأعمالهم. ورأينا بالطبع فرق عمل تتألف من أفراد يمتلكون عقودًا من الخبرة لكن خبرتهم في العمل التعاوني محدودة للغاية. كل هذه الحالات غير مثالية ما نود قوله هو أنه من الضروري للغاية امتلاك عقلية الأسلوب الرشيق، لكن يجب عليك أيضًا امتلاك المهارات المطلوبة لتطبيق هذه العقلية والخبرة المطلوبة لفهم المتطلبات المؤسسية في هذا السياق. من النواحي الهامة في هذا الكتاب هو أنه يتناول بشكلٍ شامل المهارات المحتملة التي يحتاجها فريق العمل الذي يتبنى الأسلوب الرشيق/الخالي من الهدر من أجل تطبيقه بنجاح.

الهدف الحقيقي هو تحقيق النتائج المؤسسية المرجوّة بكفاءة، وليس تبني الأسلوب الرشيق بحد ذاته هدفًا. فما فائدة العمل بأسلوب رشيق إذا حققت النتيجة الخاطئة، أو إن أنتجت شيئًا تمتلكه بالفعل، أو إن أنتجت شيئًا لا يتسق مع الاتجاه العام لمؤسستك؟ يجب أن يكون تركيزنا الحقيقي على تحقيق المخرجات التي سوف تجعل مؤسستنا ناجحة، اختيار طريقة العمل بفعالية من الأمور التي تساعد في ذلك.

لا يوجد جواب سهل؛ تقبّل ذلك!

نحن المحترفون نقوم بعملٍ ليس سهلاً، وإلا كنّا قد فقدنا وظائفنا للآلات منذ زمن. أنت وفريقك تعملون ضمن سياق مؤسستكم وتستخدمون مجموعة من التقنيات التي تتطور باستمرار وتخدم نطاقًا واسعًا من احتياجات الأعمال. كما أنك تعمل مع أشخاص ينتمون إلى خلفيات مختلفة ولديهم تفضيلاتهم وخبراتهم وأهدافهم المهنية المختلفة، كما أنهم قد يتبعون فريق عمل آخر أو مؤسسة أخرى غير التي تعمل لديها.

نحن نؤمن باستيعاب هذا التعقيد باعتباره السبيل الوحيد للفاعلية، والأفضل من ذلك، الأداء المذهل. عند التهوين من شأن بعض النواحي الهامة في طريقة العمل أو تجاهلها، مثل الهيكلة، نميل عندئذٍ إلى ارتكاب أخطاء موجعة في ذلك المجال. عندما نقلل من شأن بعض نواحي طريقة العمل، مثل الحوكمة، ربما بسبب تعرضنا لتجارب سيئة في الماضي مع نماذج غير رشيقة من الحوكمة، فعندها نخاطر بتكليف أشخاص ليسوا من الفريق بتحمل مسؤولية هذه النواحي وفرض ممارساتهم غير الرشيقة على الفريق. بهذه الطريقة، وبدلاً من تمكين أسلوبنا الرشيق، يصبح هؤلاء الأشخاص عقبة نحو ذلك.

يمكننا الاستفادة من خبرات الآخرين

من الأخطاء الشائعة التي قد يقع فيها فريق العمل هو ظنّهم - لمجرد أنهم يواجهون حالةً فريدة - أن عليهم تحديد طريقة عملهم من نقطة الصفر. هذا الظن أبعد ما يكون عن الحقيقة عند تناول وتطوير تطبيق جديد، هل تطور معه لغةً جديدة ومحولاً برمجيًا جديدًا ومكتبات نصوص برمجية جديدة وغير ذلك كله من نقطة الصفر؟ بالطبع لا، بل تتبنى الموجود منها بالفعل وتمزجها بطريقة فريدة وتعدّلها إن لزم الأمر. تستخدم فرق التطوير، بغض النظر عن التقنية، أُطر عمل ومكتبات مُثبتة لتحسين الإنتاجية والجودة. الأمر كذلك بالنسبة لطريقة العمل. كما سترى في هذا الكتاب، توجد المئات إن لم يكن الآلاف من الممارسات والاستراتيجيات المُثبتة عن طريق التجربة من قبل الآلاف من فرق العمل قبلك. لا تحتاج إذن أن تبدأ من نقطة الصفر، بل يمكنك بدلاً عن هذا أن تطوّر طريقة العمل الخاصة بك عن طريق الجمع بين الممارسات والاستراتيجيات القائمة بالفعل ثم تعديلها بالطريقة التي تلائمك للتعامل مع الحالة التي بين يديك. الأسلوب الرشيق المُنظَم يوفر مجموعة من الأدوات لإرشادك بطريقة سلِسة ومُيسّرة. منذ إصدار أول كتابٍ لنا عن التسليم الرشيق المُنظَم (Discipline Agile Delivery) [بواسطة أمبلير - لاينز، 2012]، تسلمنا آراءً تعقيبية مفادها أنه بالرغم من اعتبار الكتاب مجموعة ضخمة وثرية من الاستراتيجيات والممارسات، قد يجد بعض الممارسين صعوبة في فهم كيفية إسناد الاستراتيجيات وتطبيقها. أحد أهداف الكتاب هو تيسير التسليم الرشيق المُنظَم من أجل أن تحدد بسهولة احتياجاتك اللازمة لتخصيص طريقة العمل الخاصة بك.

من الأمور التي سوف تلاحظها طوال قراءتك للكتاب هو أننا نكثر من ذكر المراجع. نفعل هذا لثلاثة أسباب: أولاً، أن ننسب الفضل لأصحابه. ثانيًا، إحالتك إلى المرجع الأصلي لتتمكن من الحصول على معلومات أكثر. ثالثًا، لنتمكن من تلخيص الأفكار المتنوعة ووضعها في سياقها بدلاً عن الحاجة إلى تفصيل كل فكرة على حدة. استخدمنا الصيغة التالية في سرد المراجع: [اسم ذو معنى] يوجد له نظير في المراجع المذكورة في آخر الكتاب.

تعلم الأسلوب الرشيق المُنظَم يرفع قيمتك كثيرًا كعضوٍ في الفريق

سمعنا من العديد من المؤسسات التي تستخدم الأسلوب الرشيق المُنظَم - وقد أعطَونا الإذن في النقل عنهم - أن أعضاء فرق العمل الذين استثمروا في تعلم الأسلوب الرشيق المُنظَم (وإثباته بواسطة شهادات موثوقة) ترتفع قيمة إسهاماتهم في الفريق. بالنسبة لنا، السبب واضح. حيث إن فهم مجموعة أكبر من الاستراتيجيات يعني قدرة الفريق على اتخاذ قرارات أفضل والحد من الإخفاقات السريعة، بل والتعلم وتحقيق نجاحات مبكرة. نقص الوعي الذاتي الجمعي بالخيارات المتاحة يُعد من الأسباب الشائعة التي تجعل من الصعب على فريق العمل تحقيق توقعاته الخاصة بأسلوب العمل الرشيق، وهذا بالضبط ما يحدث عند تبني أساليب/ أُطر عمل ملزِمة لا تتيح لك خيارات. يُتوقع من كل عضو في الفريق، خاصةً الاستشاريين، طرح مجموعة من الأفكار لتهيئة طريقة عمل الفريق كجزء من التنظيم الذاتي. من الجيد توافر مجموعة أكبر من الأفكار وفهم للمصطلحات بشكلٍ عام.

توفر مجموعة وسائل الأسلوب الرشيق المُنظم إرشادًا مُيسرًا

من الأمور التي تعلمناها بمرور الوقت أن بعض الأشخاص، الذين يستوعبون مفاهيم الأسلوب الرشيق المُنظَم إما عن طريق قراءة الكتب أو حضور ورش العمل، يجدون صعوبة في تطبيق الأسلوب الرشيق المُنظَم. الأسلوب الرشيق المُنظَم هو حزمة ثرية للغاية من المعرفة تُقدم بطريقةٍ ميسرة.

الخبر الجيد هو أن محتوى هذا الكتاب منظم على أساس الأهداف وأنه باستخدام الأسلوب المبنى على الهدف فسيكون من السهل العثور على التوجيه الذي تحتاج إليه في الحالة التي بين يديك. إليك كيفية تطبيق هذه المعرفة في عملك اليومي لزيادة الفاعلية في تحقيق النتائج المنشودة:

- مرجع طرق العمل محددة السياق
- التحسين الموجه المستمر
- ورش عمل لتصميم طرق العمل
- تحسين التقييم بأثر رجعي
- تحسين التدريب

مرجع طرق العمل محددة السياق

كما ذكرنا سابقًا، هذا الكتاب صدر ليكون مرجعًا. سوف تجد من الملائم الاحتفاظ بهذا الكتاب على مقربة منك للرجوع إليه سريعًا للنظر في الاستراتيجيات المتاحة عندما تواجهك بعض التحديات. يقدم لك هذا الكتاب خيارات طرق العمل، والأهم من ذلك، يضع هذه الخيارات في سياقها. يوفر الأسلوب الرشيق المُنظَم ثلاثة مستويات لدعم هذا الأمر:

1. **دورة الحياة** دورة الحياة تقع في أعلى مستويات التوجيه الخاص بطرق العمل وهي الأقرب اتصالاً بمنهجية التسليم الرشيق المُنظَم. يدعم التسليم الرشيق المُنظَم ستة مستويات، كما يتضح في الشكل 1.1. لإتاحة المرونة لفرق العمل لاختيار الأسلوب الأكثر منطقية بالنسبة لهم. يستكشف الفصل السادس أنواع دورة الحياة وكيفية الاختيار من بينهم. كما يصف كيف يمكن إدارة فرق العمل بشكل متسق بالرغم من أنهم يعملون بطرق مختلفة.

الشكل 1.1 دورات الحياة في التسليم الرشيق المُنظَم.

2. **أهداف طرق العمل** يوضح الشكل 2.1 مخطط الهدف الخاص بتحسين هدف عملية الجودة، ويستعرض الشكل 3.1 بصفةٍ عامة تدوين مخططات الأهداف. يوصف التسليم الرشيق المُنظَم بأنه مجموعة من 24 هدف لطرق العمل، أو قُل إن شئت 24 نتيجة. يوصف كل هدف بأنه مجموعة من مراحل اتخاذ القرار والأمور التي يحتاج فريق العمل إلى تحديد ما إذا كانوا بحاجة إلى التعامل معها، وإن كانت الإجابة نعم، فكيف سيقومون بذلك. يقدم الكتاب الممارسات/ الاستراتيجيات الخاصة بالتعامل مع مرحلة اتخاذ القرار، والتي يمكن مزجها في حالات عديدة، في صورة قوائم. تشبه مخططات الأهداف الخرائط الذهنية مفاهيميًا، إلا أنها تتسم بامتداد الأسهم التي تمثل الفاعلية النسبية للخيارات في بعض الحالات. مخططات الأهداف، فعليًا، هي توجيهات مباشرة لمساعدة الفريق في اختيار أفضل الاستراتيجيات التي يستطيعون تطبيقها في الوقت الحالي حسب مهاراتهم وثقافتهم والحالة التي بين أيديهم. يستكشف الفصل الخامس الأسلوب المبني على الأهداف بمزيد من التفصيل.

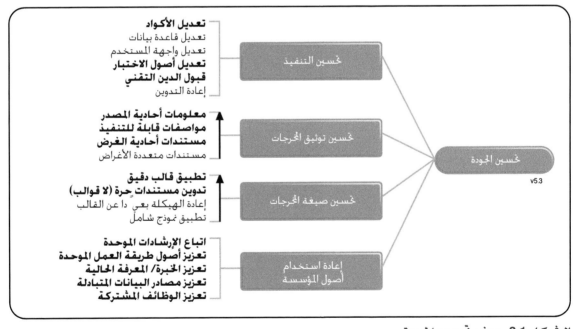

الشكل 2.1 هدف تحسين الجودة.

3. **الممارسات/ الاستراتيجيات** في أكثر مستوياته تفصيلا ، يتألف توجيه اختيار طريقة العمل من ممارسات واستراتيجيات، والتي سيتم وضعها وتوصيفها في قوائم الجانب الأيمن الموجودة بمخططات الأهداف. من التبعات الهامة لاستخدام مخططات الأهداف، مثل تلك الواضحة بالشكل 2.1، أنك لا تحتاج إلى خبرة كبيرة في طرق العمل لتتمكن من تحديد الممارسات/ الاستراتيجيات المحتملة لتجريبها. ما تحتاجه فعلاً هو فهم المبادئ الأساسية للأسلوب الرشيق المُنظَم، الواردة في هذا الكتاب، والإحاطة بمخططات الأهداف حتى تتمكن من تحديد الخيارات المحتملة بسرعة. أنت لست بحاجة إلى حفظ جميع الخيارات المتاحة لك حيث يمكنك البحث عنها في الدليل في أي وقت، ولا تحتاج إلى معرفة عميقة بكل خيار حيث يُعرض كل خيار بصورةٍ عامة ويوضع في سياقه في "متصفح الأسلوب الرشيق المُنظَم". يوضح الشكل 4.1 مثالاً على هذا. يمكنك في هذه الحالة رؤية بعض المعلومات عن مراحل اتخاذ القرارات الخاصة بتحسين التنفيذ في إطار عملية تحسين الجودة. يمكنك الاطلاع على وصف مرحلة اتخاذ القرار بالإضافة إلى الخيارين الأولين (ويمكنك الانتقال للأسفل في المتصفح لرؤية باقي الخيارات).

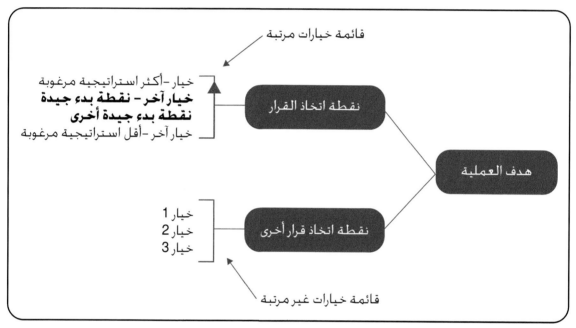

الشكل 3.1 تدوين مخطط الهدف.

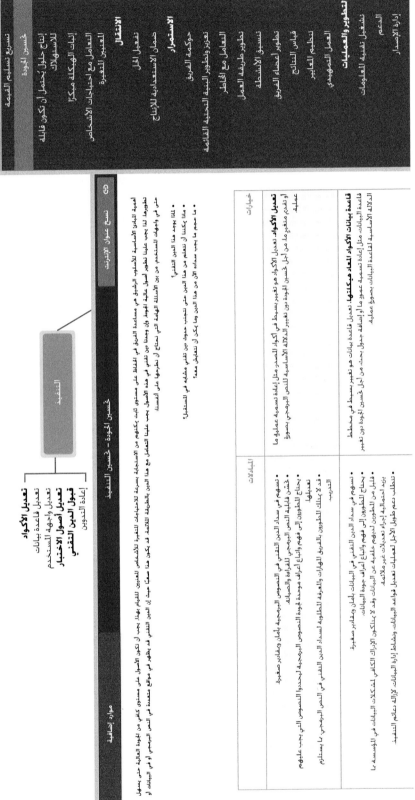

الشكل 4.1 تفاصيل الآلية المسجلة في متصفح الأسلوب الرشيق المُنظَّم.

يحدث التحسن على عدة مستويات

تحدث عملية التحسين، او تطوير طريقة العمل، على نطاق المؤسسة بأكملها. المؤسسات هي مجموعة من فرق العمل والمجموعات التي تتواصل فيما بينها ويتطوّر كل منها بصورة مستمرة. بينما تطور فرق العمل طريقة عملها، هم يحفزون كذلك الرغبة في التغيير في الفرق الأخرى التي يتواصلون معها. نتيجة لهذا التطور المستمر في طريقة العمل، ونرجو أي يكون للأحسن، ونتيجة لتفرد كل شخص، لا يمكن التنبؤ بالطريقة التي سوف يعمل بها الأشخاص بعضهم مع بعض أو ما ستكون نتائج هذا العمل. باختصار، مؤسستك هي نظام متشابك قابل للتكيف [كينيفن]. يظهر الشكل 5.1 لمحة عامة عن هذا المفهوم حيث يوضح فرق العمل ومجالات المؤسسة (مثل الأقسام أو خطوط الأعمال أو مسارات القيمة) وفرق المؤسسة. يعتبر الشكل 5.1 مبسطًا حيث إن المخطط معقد بما يكفي كما هو – يوجد عدد أكبر بكثير من التداخلات بين فرق العمل عبر الحدود المؤسسية، وفي الشركات الكبيرة، قد يكون لكل مجال في المؤسسة مجموعاته "المؤسسية" الخاصة به، مثل المعمارية المؤسسية أو المالية.

توجد العديد من الملابسات المثيرة للاهتمام في اختيار طريقة العمل الخاصة بك:

1. **سوف يكون لكل فريق طريقة العمل الخاصة به.** لا نستطيع أن نقول ما يكفي حول هذا الأمر.
2. **سوف نطور طرق العمل الخاصة بنا لتعكس ما تعلمناه من خلال العمل مع الفرق الأخرى.** العمل مع فرق أخرى لا يؤدي فقط إلى تحقيق الأهداف المنشودة، بل في أغلب الحالات يُكسب فريق العمل معرفة جديدة بالتقنيات أو طرق التعاون (التي قد يكون الفريق الآخر قد اكتسبها من عمله مع فرق أخرى).

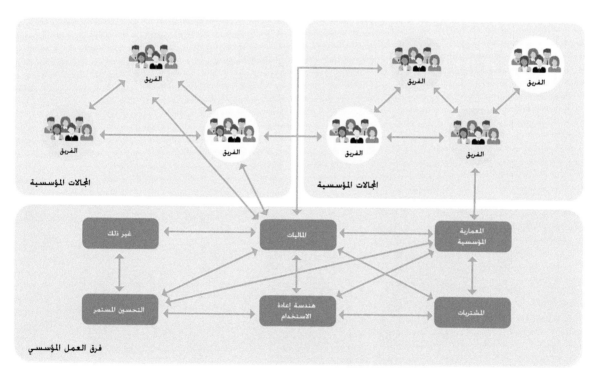

الشكل 5.1 مؤسستك هي نظام متشابك قابل للتكيف.

3. **يمكننا أن نختار عن قصد أن نتعلم من فرق العمل الأخرى.** يوجد العديد من الاستراتيجيات التي يمكننا الاختيار من بينها للتطبيق في مؤسستنا لمشاركة المعرفة بين الفرق، ويتضمن ذلك العروض التقديمية للممارسين وتجمعات الممارسة والجمعيات والإرشاد وغيرها الكثير. يمكن رصد الاستراتيجيات للفرق عبر هدف عملية تطور طريقة عملهم، بينما الاستراتيجيات على المستوى المؤسسي يكون من خلال إطار التطوير المستمر[1] باختصار، مجموعة الأسلوب الرشيق المُنظَم تُعد مصدرًا متدفقًا يمكنك تطبيقه في حالات عديدة لاختيار طريقة العمل الخاصة بك.
4. **يمكننا الاستفادة من جهود التحول/ التحسين المؤسسي.** يمكن، بل ويجب، أن يحدث التحسين على مستوى الفريق بأكمله. كما يمكن أن يحدث على مستوى القطاع المؤسسي (فمثلاً يمكننا العمل على تحسين سير العمل بين الفرق المختلفة في أحد المجالات). تحتاج الفرق الأخرى كذلك للتحسين، وليس فقط فرق التسليم الرشيق المُنظَم (فمثلاً يمكننا مساعدة البنية المؤسسية أو المالية أو مجموعات إدارة العاملين في التعاون بصورة أكثر فاعلية مع باقي المؤسسة).

يُظهر الشكل 6.1 الطبقات الأربع التي تشكل حزمة الأسلوب الرشيق المُنظَم:

1. **الأساس.** طبقة الأساس توفر الركائز المفاهيمية لحزمة الأسلوب الرشيق المنظم.
2. **أسلوب ديف أوبس المنظم.** ديف أوبس هو التنسيق بين التطوير والعمليات، وأسلوب ديف أوبس المُنظَم هو أحد الطرق المؤسسية المتبعة في تطبيق هذا الأسلوب. تتضمن هذه الطبقة التسليم الرشيق المُنظَم، وهو ما يركز عليه هذا الكتاب، بالإضافة إلى نواحي مؤسسية أخرى لأسلوب ديف أوبس.

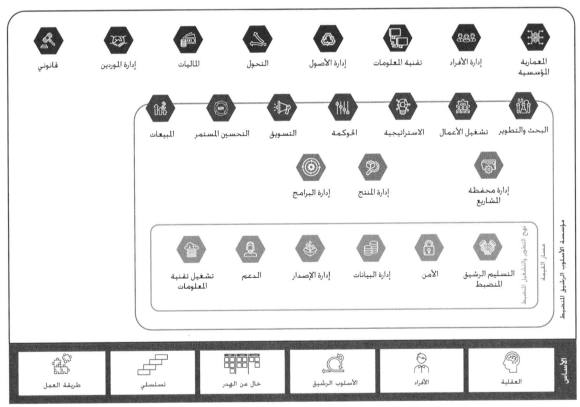

الشكل 6.1 نطاق الأسلوب الرشيق المُنظَم.

[1]معالج طريقة العمل يعالج الجوانب المرتبطة بطريقة العمل، مثل إدارة الأصول أو المالية أو الأمن.

3. **مسار القيمة.** تنبني طبقة مسار القيمة على إطار عمل التحول المؤسسي لمؤلفه شالواي، الذي يُعرف الآن بإطار عمل التحول المؤسسي بالأسلوب الرشيق المُنظَم. لا يكفي إبداع الأفكار إن لم تكن هذه الأفكار قابلة للتحقيق في سوق العمل أو الشركة. إطار عمل التحول المؤسسي بالأسلوب الرشيق المُنظَم هو الوسيلة التي تربط استراتيجيات المؤسسة، حيث يضع تصورًا لما يجب أن يكون عليه تدفق القيمة بما يمكّنك من اتخاذ القرارات المناسبة لتحسين كل جزء من مؤسستك في السياق الذي يربط جميع الأجزاء.
4. **مؤسسة الأسلوب الرشيق المُنظَم** تركّز طبقة مؤسسة الأسلوب الرشيق المُنظَم على باقي أنشطة المؤسسة التي تدعم مسارات القيمة في المؤسسة.

تستطيع فرق العمل، بل ويجب عليهم، اختيار طريقة عملهم بغض النظر عن المستوى الوظيفي الذي يعملون فيه. نركز في هذا الكتاب على فرق التسليم الرشيق المُنظَم، إلا إننا سوف نتطرق أحيانًا إلى بعض المشكلات التنظيمية والمشكلات عبر مختلف فرق العمل، حيثما كان هذا ملائمًا.

التحسين الموجه المستمر

كثير من الفرق تبدأ رحلتها مع الأسلوب الرشيق عن طريق تبنّي أحد الأساليب الرشيقة مثل سكرام [دليل سكرام، تأليف شوابر وبيدل]، أو البرمجة القصوى [بيك] أو أسلوب تطوير النظم الديناميكي – أتيرن. الفرق الكبيرة التي تتعامل مع "التمدد" (وسوف نتناول معنى التمدد في الفصل الثاني) قد تختار تبنّي إطار الأسلوب الرشيق الممتد® أو سكرام واسعة النطاق أو نيكسس® أو غيرها الكثير. كل من هذه الأساليب/ أُطر العمل يعالج فئة محددة من المشكلات التي تواجهها فرق الأسلوب الرشيق، ونحن نرى أنها تتضمن بعض التقييد حيث إنها لا تتيح الكثير من الخيارات. في بعض الأحيان، خاصةً عندما تُطبق أُطر العمل في سياقات لا تلائمها تمامًا، تجد فرق العمل أنها بحاجة إلى الكثير من الوقت "لتقليص" هذه الأطر لإزالة التقنيات التي لا تنطبق على الحالة التي بين أيديهم ثم إضافة تقنيات أخرى مناسبة. في ضوء هذا، فعند تطبيق أطر العمل في السياقات المناسبة، يمكنها أن تنجح في الممارسة. عند تطبيق أحد هذه الأساليب/ أطر العمل الوصفية، تميل فاعلية الفريق إلى التدفق عبر المنحنى الموضح بالشكل 7.1. في البداية، يحدث انخفاض في مستوى الفاعلية حيث إن الفريق يتعلم طريقة عمل جديدة ويقضي وقتًا في التدريب، ويغلب على أعضاء الفريق انشغالهم بتعلم تقنيات جديدة. بمرور الوقت، يرتفع مستوى الفاعلية فوق ما كانت عليه في البداية ثم يستقر في النهاية على نسقٍ ثابت عندما ينخرط الفريق في طريقة العمل الجديدة. تتحسن الأمور، لكن بدون تنسيق الجهود من أجل التحسين، تجد أن فاعلية الفريق تثبت عند حد معين.

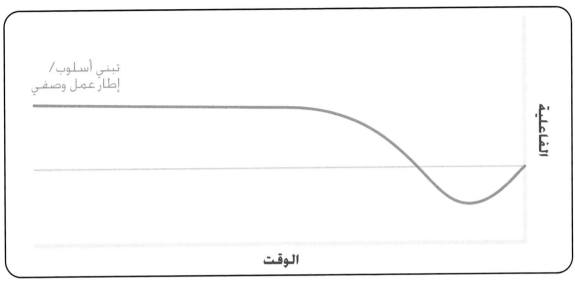

الشكل 7.1 فاعلية الفريق عند تبني منهج أو إطار عمل الأسلوب الرشيق.

من الآراء التعقيبية التي نتلقاها حول الشكل 7.1 هو أنه لا يمكن تصديق هذا، حيث إن سكرام يعِد بتنفيذ ضعفي العمل في نصف الوقت [سوزيرلاند]. من المحزن أن هذا الزعم بمضاعفة الإنتاجية 4 مرات لا يثبت عند الممارسة الفعلية. أظهرت دراسة حديثة شملت 155 مؤسسة و1500 فريق تطوير برمجيات و1500 فريق أسلوب رشيق أن معدل زيادة الإنتاجية في فرق الأسلوب الرشيق، التي يتبع أغلبها أسلوب سكرام، قد قارب 7-12% [ريفر]. وفي حالة التمدد، حيث تبنّت أغلب المؤسسات الأسلوب الرشيق الممتد®. انخفض معدل التحسن إلى 3-5%.

يوجد العديد من الطرق التي يمكن أن يتبناها الفريق لتحسين طريقة عمله، وهي استراتيجيات يشملها هدف تطوير طريقة العمل. ينصح كثير من الناس بتبني أسلوبًا تجريبيًا من أجل التحسين، وقد وجدنا أن التجارب المبنية على التوجيه تكون أكثر فاعلية. يقدم مجتمع الأسلوب الرشيق الكثير من النصائح حول التقييم بأثر رجعي، وهي جلسات عمل يتفكر فيها الفريق حول كيفية التحسين، ويقدم مجتمع الأسلوب الخالي من الهدر نصائح رائعة حول تطبيق هذا التفكر [كيرث]. يلخص الشكل 8.1 رباعية ديمينج "التخطيط والتنفيذ والدراسة والتصحيح" [ديمينج] والتي يطلق عليها أحيانًا "حلقة كايزن". كان هذا المنهاج الأول الذي ابتكره ديمينج للتحسين المستمر، ثم عدّله فيما بعد إلى "التخطيط والتنفيذ والفحص والتصحيح"، واكتسب هذا المنهاج شعبية كبيرة في مجتمع الأعمال في التسعينيات من القرن الماضي وفي مجتمع الأسلوب الرشيق في مطلع هذا القرن. ما لا يعرفه كثير من الناس هو أنه بعد تجربة النسخة المعدّلة من رباعية ديمينج لعدة سنوات، أدرك ديمينج أنها أقل فاعلية من النسخة الأولى "التخطيط والتنفيذ والدراسة والتصحيح"، فعاد إلى تطبيقها. الفرق الجوهري بين النسختين هو أن عنصر "الدراسة" حفّز الناس للقياس والتفكير بعمق أكبر فيما إذا كان التغيير قد أنتج ثماره في الممارسة أم لا. لذا فقد قررنا احترام رغبة ديمينج ورشحنا الرباعية "التخطيط والتنفيذ والدراسة والتصحيح" بدلاً عن "التخطيط والتنفيذ والفحص والتصحيح" حيث وجدنا أن التفكير النقدي يؤدي إلى تحسينات يبقى أثرها. ينجذب البعض نحو حلقة "أودا" التي ابتكرها "جون بويد"، عقيد بالقوات الجوية الأمريكية، ألا وهي "الملاحظة والتوجيه والقرار والتنفيذ" ويسترشدون بها في جهودهم نحو التحسين المستمر - كما هو الحال دائمًا نصيحتنا هو أن تختار الأفضل لك [كورام]. بغض النظر عن حلقة التحسين التي تتبناها، تذكر أن فريقك يستطيع، وربما يجب عليه، أن يُجري عدة تجارب بالتوازي خاصةً عندما يكون التحسين المحتمل في نواحي مختلفة من طريقة العمل وبالتالي فلن تؤثر التجارب بعضها على بعض (إن أثر بعض التجارب على بعض، قد يجعل من الصعب تحديد مدى فاعلية كل تجربة).

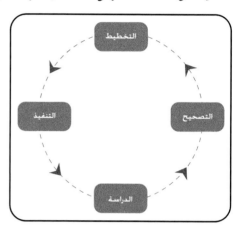

الشكل 8.1 منحنى التحسين المستمر وفقًا لرباعية ديمينج "التخطيط والتنفيذ والدراسة والتصحيح".

الفكرة الأساسية حول استراتيجية حلقة التحسين (سواءً بتطبيق رباعية ديمينج الأولى أو الثانية أو حلقة أودا) هو أنك تحسّن طريقة عملك في صورة سلسلة من التغييرات الصغيرة، وهي استراتيجية يسميها مجتمع الأسلوب الخالي من الهدر "كايزن" وهي كلمة يابانية تعني "التحسين". يوضح الشكل 9.1 سير العمل عند إجراء تجربة. الخطوة الأولى هي تحديد موضع التحسين المحتمل - مثلاً ممارسة أو استراتيجية جديدة - الذي تريد تجريبه لترى مدى نجاحه في سياق الحالة التي بين يديك. يتم تحديد مستوى الفاعلية في موضع التحسين المحتمل عن طريق القياس بناءً على نتائج واضحة، ربما يتم تحديدها بواسطة منهاج "الهدف والسؤال والمقياس" أو الأهداف والنتائج الرئيسية [دوير]. يعتبر قياس مستوى الفاعلية في تطبيق طريقة عمل جديدة مثالاً للتعلم بالتحقق [رييس]. من المهم أن نلاحظ أن الشكل 9.1 يقدم وصفًا تفصيليًا لمسارٍ واحد عبر حلقة التحسين المستمر لفريق العمل.

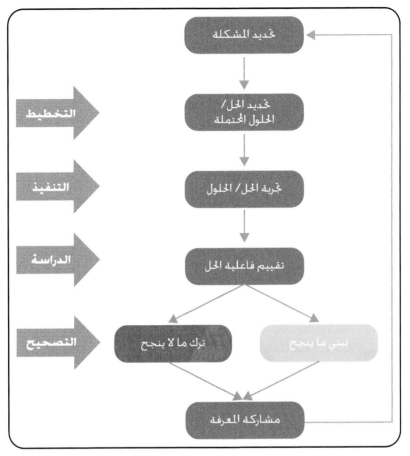

الشكل 9.1 أسلوب تجريبي لتطوير طريقة العمل.

تكمن قيمة الأسلوب الرشيق المُنظَم في قدرته على إرشادك خلال خطوة التحديد هذه بمساعدتك في التعرف على ممارسة/ استراتيجية جديدة يمكنها بشكل عام التعامل مع التحدي الذي تريد. بفعل هذا، تزيد فرصتك في التعرف على نوع التحسين المستمر الذي يناسبك، مما يعجّل من نتائج جهودك لتحسين طريقة عملك - نسمي هذا المنهاج "التحسين المستمر الموجّه". باختصار، تمكنك حزمة الأسلوب الرشيق المُنظَم في هذا المستوى من أن تصبح عضوًا ذا كفاءة عالية في الفريق. في كتاب تسليم الأسلوب الرشيق الأصلي، أوردنا استراتيجية تسمى "التحسين المُقاس" كانت قريبة الشبه من هذا المنهاج.

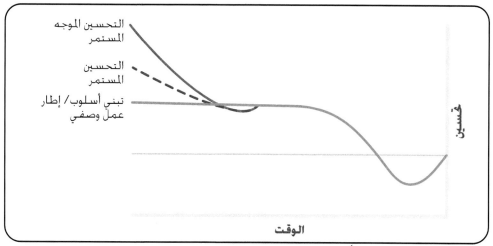

الشكل 12.1 التحسن وفقًا لمنهج أو إطار عمل رشيق قائم بالفعل.

بعبارةٍ أوضح، تطبيق التحسين المستمر الموجه على مستوى الفريق يمثل نموذجًا مبسطًا لتطبيقه على مستوى المؤسسة. على مستوى الفريق، قد يختار الفريق الحفاظ على قائمة متطلبات التحسين في الجوانب التي يرغبون تحسينها. في المجال المؤسسي أو المستويات المؤسسية، قد نجد مجموعة من الأشخاص يوجهون جهودًا كبيرة للتحول أو التحسين تركز على تمكين فرق العمل من اختيار طريقة عملهم والتعامل مع المشكلات المؤسسية الكبيرة التي لا تستطيع فرق العمل معالجتها بمفردها.

ورش عمل لتصميم العمليات

من الاستراتيجيات الشائعة أيضًا في تطبيق الأسلوب الرشيق المُنظَم لاختيار طريقة العمل هو إجراء ورش عمل لتصميم طرق العمل [تصميم]. في ورشة تصميم طرق العمل، المدرب أو قائد الفريق يأخذ الفريق في جولة حول الجوانب الهامة من التسليم الرشيق المُنظَم ويناقش الفريق كيف سيقومون بالعمل معًا. ويتضمن هذا عادةً اختيار دورة الحياة، واستعراض أهداف طريقة العمل كلٍ على حدة، ومناقشة مراحل اتخاذ القرار لكل منها، ومناقشة الأدوار والمسؤوليات.

يمكن إجراء ورشة عمل تصميم العمليات، أو عدة ورش عمل قصيرة، في أي وقت. كما يوضح الشكل 13.1. تُجرى ورش العمل عند التكوين الأولي للفريق وذلك لتحديد كيفية تنسيق جهودهم الأولية (التي يطلق عليها اسم مرحلة التأسيس) مباشرةً قبل بدء التكوين للاتفاق حول ماهية هذه الجهود. أية قرارات تخص طريقة العمل يتم اتخاذها في ورش عمل تصميم العمليات لا تكون ثابتةً كالنقش على الحجر، بل تتغير بمرور الوقت حيث تزداد معرفة الفريق. دائمًا تريد أن تتعلم ما هو جديد وتحسن طريقة عملك أولاً بأول. وفي الواقع، أغلب فرق العمل التي تتبنى الأسلوب الرشيق سوف تفكر بانتظام في كيفية فعل ذلك عن طريق التقييم بأثر رجعي. باختصار، الغرض من ورش عمل تصميم العمليات هو تصحيح مسار الفريق، بينما الغرض من التقييم بأثر رجعي هو تحديد التعديلات المحتملة للعمليات.

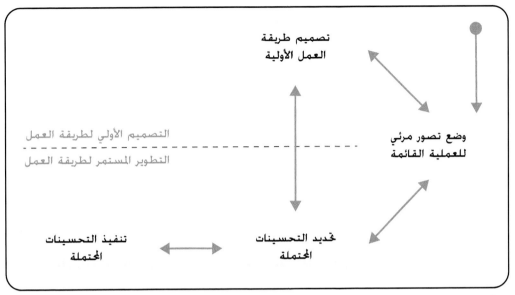

الشكل 13.1 اختيار طريقة العمل وتطويرها بمرور الوقت.

من الأسئلة التي تطرح نفسها هنا هو كيف يكون الخط الزمني لتطوير طريقة العمل داخل الفريق؟ ينصح جوناثان سمارت، الذي أشرف على عملية التحول في بنك باركليز، بتبني أسلوب دان نورث للخط الزمني وهو "التصوّر والترسيخ والتحسين". كما في الشكل 14.1. في البداية، ضع تصورًا عن طريقة عملك الحالية ومن ثم حدد طريقة العمل المحتملة الجديدة التي يراها الفريق مناسبة (هذا ما يتمحور حوله التصميم المبدئي). ثم يأتي وقت تطبيق الفريق لهذه الطريقة الجديدة في العمل واختبار مدى ملاءمتها للسياق. مرحلة الترسيخ قد تستغرق أسابيع أو أشهر. وبمجرد تمكن الفريق من ترسيخ طريقة العمل الجديدة يمكنهم عندئذٍ تطويرها وفقًا لإحدى استراتيجيات التحسين المستمر الموجه.

وضع التصور المرئي	الترسيخ	التعزيز
• استكشاف طريقة العمل الحالية	• تطبيق طريقة العمل الجديدة	• التحسين الموجه المستمر
• تحديد طريقة عمل جديدة	• الحصول على التدريب والتوجيه	
	• أعطِ نفسك فرصة لتعلم طريقة العمل الجديدة.	

الشكل 14.1 خط زمني لتصميم طريقة العمل وتحسينها لدى الفريق.

تحسين التدريب بواسطة توسيع حقيبة أدوات عمليات المدرب الخاصة بطرق العمل

الأسلوب الرشيق المُنظَّم يفيد مدربي الأسلوب الرشيق بالذات. أولاً، فهم الأسلوب الرشيق المُنظَّم يعني أنك تمتلك مجموعة أكبر من الاستراتيجيات التي يمكنك تبنيها للمساعدة في حل مشكلات فريقك. ثانيًا، نرى كثيرًا من المدربين يشيرون إلى الأسلوب الرشيق المُنظَّم ليوضحوا أن بعض الأمور التي يراها الفريق – أو المؤسسة – من "أفضل الممارسات" هي في الحقيقة خيارات رديئة للغاية وأن هناك بدائل أفضل يمكن التفكير فيها. ثالثًا، يستخدم المدربون الأسلوب الرشيق المُنظَّم لمحاولة ملء فجوات الخبرة والمعرفة لديهم.

توثيق طريقة العمل

نتمنى لو كان يمكننا القول بإمكانية الاستغناء عن توثيق طريقة العمل الخاصة بك. لكن الحقيقة هي أنك بحاجة إلى هذا التوثيق في أغلب الأحيان، ويرجع ذلك إلى أسباب وجيهة للغاية:

1. **أسباب رقابية** قد يعمل فريقك في بيئة رقابية حيث يفرض القانون تسجيل طريقة العمل بكيفيةٍ ما.
2. **كثرة التفاصيل المعقدة التي يصعب تذكرها** توجد الكثير من التفاصيل المتغيرة في طريقة العمل. انظر مخطط الهدف في الشكل 2.1. سوف يختار فريقك تبني العديد من الاستراتيجيات الموضحة فيه، وهذا فقط هدف واحد من بين 24 هدف. كما ذكرنا من قبل، تسليم الحلول أمر معقد. لقد فعلنا ما بوسعنا في الأسلوب الرشيق المُنظَّم للحد من هذا التعقيد لمساعدتك في اختيار طريقة عملك، لكن لا يمكننا إزالته تمامًا.
3. **الشعور بالراحة** كثير من الناس ينزعج من فكرة عدم وجود "طريقة عمل محددة" يتبعونها خاصةً عندما يكون الأمر جديدًا بالنسبة لهم. فهم يُفضّلون وجود مرجع يرجعون إليه من وقت لآخر لدعم عملية التعلم. وكلما تزداد خبرة الفريق في طريقة العمل، يقل احتياجهم للاطلاع على وثائق طريقة العمل إلى أن يصلوا في النهاية إلى الاستغناء عنها كليًا.

يرغب قليل من الناس في قراءة محتوى عن العمليات، لذا نقترح أن تحتفظ بهذا المحتوى على قدرٍ كافٍ من الوضوح. اتبع ممارسات أسلوب التوثيق الرشيق (Agile)، مثل الاختصار غير المُخل والتعامل عن قربٍ مع الأشخاص المعنيين (هم الفريق نفسه في هذه الحالة) لضمان الوفاء باحتياجاتهم الحقيقية. إليك بعض الخيارات لتسجيل طريقة عملك:

- أدرِج خيارات مخطط الهدف في جدول.
- اكتب نبذة عامة عن طريقة العمل في ورقة مفردة قياس A3.
- ضع ملصقات على الحائط.
- سجل طريقة العمل باختصار في موقع أو قاعدة بيانات قابلة للتعديل.

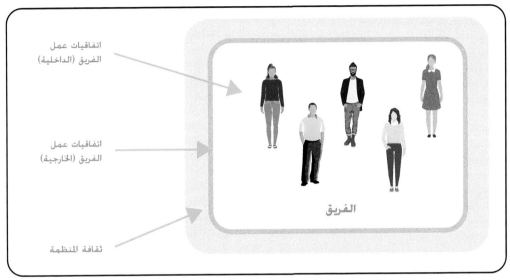

الشكل 15.1 اتفاقات عمل الفريق.

كما يوضح هدف عملية تطوير طريقة العمل، يوجد العديد من الاستراتيجيات التي يمكن الاختيار من بينها لتوثيق طريقة العمل. أحد الأساليب الشائعة يتمثل في أن يعمل الفريق على تطوير اتفاق مكتوب و الالتزام به. تبين اتفاقات العمل الأدوار والمسؤوليات التي سوف يُكلف بها أعضاء الفريق والحقوق العامة وغالبًا طريقة عمل الفريق. كما يوضح الشكل 15.1. نود التمييز بين جانبين هامين من جوانب اتفاق العمل الخاص بالفريق – الجزء الداخلي منه الذي يصف كيف يعمل أعضاء الفريق معًا وكذلك الجزء الخارجي من الاتفاق الذي يصف كيف يتعامل الآخرون مع الفريق.

الجزء الخارجي من اتفاق عمل الفريق يعتبر بطريقةٍ ما اتفاقية مستوى الخدمة الخاصة بالفريق. قد يتضمن هذا الجزء جدول الاجتماعات المشتركة التي قد يحضرها الآخرون (مثل اجتماعات التنسيق اليومي والعروض التجريبية المرتقبة). ودليلاً يوضح كيفية الوصول إلى لوحة المتابعة الآلية للفريق، وكيفية التواصل مع الفريق، والغرض الذي يعمل من أجله الفريق. اتفاق عمل الفريق، بجانبيه الداخلي والخارجي، سوف يتأثر بالطبع ببيئة العمل في المؤسسة والثقافة التي تسود فيها.

ملخص

لقد استعرضنا عددًا من المفاهيم الهامة في هذا الفصل:

- تختار فرق الأسلوب الرشيق المُنظَم طريقة العمل الخاصة بهم.
- أنت بحاجة إلى "الرشاقة" ومعرفة كيفية تحقيقها!
- تسليم الحلول أمر معقد؛ لا توجد إجابة سهلة توضح كيفية أداء الأمر.
- يقدم الأسلوب الرشيق المُنظَم دعمًا للفريق في مختلف الحالات ليتمكنوا من اختيار طريقة عملهم وتقديم الحلول البرمجية.
- لقد واجه آخرون تحديات مماثلة لتلك التي تواجهها، وتمكنوا من التغلب عليها. الأسلوب الرشيق المُنظَم يسمح لك بتعزيز عملية التعلم لدى الفريق.
- يمكنك استخدام هذا الكتاب كدليل إرشادي للبدء في اختيار طريقة عملك ومن ثم يمكنك تطويرها عبر الزمن.
- إن أسلوب التحسين المستمر الموجه سيساعد فريقك في كسر حاجز "سجن المنهجية" وبالتالي تحسين فاعلية الفريق.
- الهدف الحقيقي هو تحقيق النتائج المؤسسية المرجوّة بكفاءة، وليس تبني الأسلوب الرشيق بحد ذاته هدفًا.
- القرارات الأفضل تؤدي إلى نتائج أفضل.

الفصل الثاني

الانضباط

القرارات الأفضل تؤدي إلى نتائج أفضل.

النقاط الرئيسية في هذا الفصل

- بيان الأسلوب الرشيق نقطة انطلاق عظيمة، لكنه ليس كافيًا.
- مبادئ التفكير المرن جوهرية للنجاح بالنسبة لفرق تسليم الحلول البرمجية في المؤسسة.
- ترتكز عقلية الأسلوب االرشيق المُنظَّم على ثمانية مبادئ وسبعة وعود وثمانية توجيهات.

ما معنى الانضباط؟ الانضباط هو فعل الأشياء التي نعرف أنها في مصلحتنا، وهي أشياء عادةً تحتاج إلى جدٍ وإصرار. نحتاج إلى الانضباط لنتمكن من إسعاد عملائنا بشكلٍ دائم. نحتاج إلى الانضباط ليكون فريق العمل مذهلاً. كما يحتاج القادة إلى الانضباط للتأكد من أن مرؤوسيهم يتمتعون ببيئة عمل آمنة. نحتاج إلى الانضباط لنعرف ما إذا كنا بحاجة إلى تصميم طريقة عملنا الخاصة لتلائم السياق الموجود لدينا وكذلك تطوير هذه الطريقة كلما تغير السياق. نحتاج إلى الانضباط لندرك أننا جزءٌ من مؤسسة أكبر وأنه يجب علينا أن نفعل ما يخدم هذه المؤسسة بصورةٍ أفضل وليس فقط أن نفعل ما يناسبنا. نحتاج إلى الانضباط لتطوير سير العمل بشكل عام وتحقيق أفضل النتائج، ونحتاج إلى الانضباط كذلك لندرك أننا نملك العديد من الخيارات بشأن طريقة العمل وتنظيم أنفسنا، لذا علينا الاختيار وفقًا لهذا.

بيان تطوير البرمجيات بالأسلوب الرشيق

في عام 2001، بدأت حركة الأسلوب الرشيق (Agile) بنشر **"بيان تطوير البرمجيات الرشيقة"** [Manifesto] أو اختصارًا "بيان الأسلوب الرشيق". أورد البيان أربع قيم يدعمها 12 مبدأ، مدرجةٌ أدناه. ألّف هذا البيان مجموعة من 17 شخصًا لديهم خبرة عميقة في تطوير البرمجيات. كان هدفهم وصف الأمور التي نجحت في الممارسة الفعلية أكثر من الأمور التي كانوا يرجون أن تنجح من الناحية النظرية. بالرغم من أن ممارسة هذا الأمر أصبحت الآن شيئًا مألوفًا، إلا أنها كانت في ذلك الوقت تعتبر تغييرًا جذريًا للمنهجية الذي يتبناه أغلب رواد الفكر في مجتمع هندسة البرمجيات.

بيان تطوير البرمجيات الرشيقة:

نحن نسكتشف طرقًا أفضل لتطوير البرمجيات عن طريق تطويرها ومساعدة الآخرين في تطويرها. ومن خلال هذا العمل، فإننا نُقدر ما يلي:

1. **الأفراد والتفاعلات** أكثر من العمليات والأدوات
2. **البرمجيات التي تعمل** أكثر من الوثائق الشاملة
3. **تعاون العملاء** أكثر من التفاوض على العقد
4. **الاستجابة للتغيير** أكثر من اتباع الخطة

وفي حين أن البنود على الجانب الأيسر تتسم بالقيمة، فإننا نقدر البنود على الجانب الأيمن بشكل أكبر.

تأسس بيان الأسلوب الرشيق على 12 مبدأً تقدم مزيد من التوجيه للممارسين. هذه المبادئ هي:

1. الأولوية القصوى لنا هي إرضاء العميل من خلال التسليم المبكر والمستمر للبرمجيات ذات القيمة.
2. الترحيب بالمتطلبات المتغيرة حتى لو كان في مرحلة متأخرة في التطوير. تعمل عمليات الأسلوب الرشيق (agile) على استثمار التغيير لصالح الميزة التنافسية للعميل.
3. تسليم برمجيات صالحة بصورة متكررة في فترة تتراوح بين أسبوعين وشهرين مع تفضيل النطاق الزمني الأقصَر.
4. يجب على أصحاب الأعمال والمطورين العمل معًا يوميًا على مدار المشروع.
5. الاستعانة بأشخاص محفزين عند إنشاء المشاريع، إعطائهم البيئة والدعم الذي يحتاجونه والوثوق بهم لإنجاز المهمة.
6. الطريقة الأكثر كفاءة وفعالية لتوصيل المعلومات إلى فريق التطوير وفيما بينهم هي المحادثة المباشرة.
7. البرمجيات الفعالة هي المقياس الرئيسي للتقدم.
8. تدعم عمليات الأسلوب الرشيق (agile) التطوير المستدام. يجب أن يكون الرعاة والمطورين والمستخدمين قادرين على المحافظة على وتيرة منتظمة دون أجل محدد.
9. الانتباه المستمر للتميز الفني والتصميم الجيد يحسن من الرشاقة
10. البساطة – فن تعظيم العمل غير المنجز – أمر أساسي.
11. أفضل الهياكل والمتطلبات والتصميمات تنشأ من الفرق ذاتية التنظيم.
12. يوضح الفريق على فترات منتظمة الطريقة التي يصبح بها أكثر كفاءة ثم يغير ويعدل من سلوكه تبعًا لذلك.

1. **داخل الفريق** يجب أن نركز دائمًا على أن نكون مذهلين وأن نعمل مع زملائنا في الفريق ونساعدهم. فإن رأيتَ أن أحد أفراد الفريق منشغل بعبء عملٍ ضخم أو يسعى بصعوبة للعمل على مهمةٍ ما، لا تنتظر السؤال لكن تطوع لتقديم المساعدة.
2. **مع الأشخاص المعنيين** فرق العمل المذهلة تتمتع بعلاقات جيدة مع الأشخاص المعنيين، ويتعاونون معهم ليضمنوا أن ما يفعلون هو ما يريده الأشخاص المعنيون.
3. **عبر الحدود المؤسسية** ناقشنا في الفصل الأول كيف أن المؤسسة نظامٌ معقد قابل للتكيف وتتألف من فرق عمل تتعاون مع فرق عمل أخرى.

الوعد: جعْل العمل وسير العمل مرئيين بالكامل

فرق الأسلوب الرشيق المُنظَم - وأفراد هذه الفرق - يجعلون عملهم وكيفية أداء العمل مرئيين للآخرين.[3] يُشار غالبًا إلى هذا النهج بعبارة "الشفافية الجذرية" والفكرة هي أن نكون منفتحين وصرحاء مع الآخرين. لن يشعر الجميع بالراحة معنا.

المؤسسات التي تتبنى أساليب تقليدية لديها الكثير من المشاريع المبهمة - التي يكون ظاهرها غير باطنها - حيث يزعم المسؤولون عن المشروع أنهم يسيرون في الطريق الصحيح بينما هم واقعون في مشكلة. الشفافية مهمة لدعم الحوكمة الفعالة ولتمكين التعاون حيث يرى الأفراد ما يعمل عليه الآخرون.

غالبًا سيجعل فِرق الأسلوب الرشيق المُنظَم عملهم مرئيًا على مستوى الأفراد والفريق. من المهم التركيز على العمل ككل، ولا يعني هذا فقط العمل الجاري تنفيذه. فالعمل الجاري تنفيذه هو ما نعمل عليه في الوقت الحالي. أما العمل ككل فيشمل العمل الجاري بالإضافة إلى أي عمل متراكم ينتظرنا للتعامل معها. لذا فإن ممارسي الأسلوب الرشيق المُنظَم يركزون على العمل ككل.

فرق العمل التي تتبنى الأسلوب الرشيق المُنظَم تجعل عملها مرئيًا وبالتالي فهي تمتلك سياسات معلنة لسير العمل حتى يعلم كل فرد كيف يعمل الآخرون. هذا يدعم التعاون حيث يتفق الناس بوضوح على كيفية العمل بعضهم مع بعض. كما أن هذا النهج يدعم تحسين طريقة العمل حيث يمكّننا من فهم ما يحدث وبالتالي تزيد فرصة التعرف على المشكلات المحتملة. من المهم أن نكون متفردين وواقعيين أيضًا في طريقة عملنا حيث إننا نريد أن نفعل ما بوسعنا في السياق الذي نواجهه.

---

[3] هذا بالطبع قد يتقيد بالحاجة إلى الحفاظ على السرية الناتجة عن اعتبارات تتعلق بالمنافسة أو لأسبابٍ رقابية.

الوعد: التحسين المستمر

إن المؤسسة الناجحة حقًا – مثل آبل وأمازون وإيباي وفيسبوك وجوجل وغيرها – وصلت إلى هذا من خلال التحسين المستمر. لقد أدركت هذه المؤسسات أنه للاستمرار على مستوى المنافسة، بشكل أفضل يتعين عليهم البحث دائمًا عن طرق لتحسين طريقة عملهم والمخرجات التي يسلمونها للعملاء وبنيتهم المؤسسية. لهذا فإن هذه المؤسسات تتبنى نهج كايزن وهو التحسين من خلال تغييرات صغيرة. في الفصل الأول، تعلمنا أنه يمكننا تحسين أدائنا بشكل أفضل عن طريق التحسين المستمر الموجه الذي يعزز القاعدة المعرفية التي تتضمنها مجموعة الأسلوب االرشيق المُنظَم.

يتطلب التحسين المستمر الاتفاق على ما يتم تحسينه. لقد لاحظنا أن فرق العمل التي تركز على تحسين طريقة وفائهم بالوعود التي ذكرناها هنا، بما في ذلك تحسين طريقة التحسن، تحقق نتائج أسرع من تلك التي لا تفعل. يستفيد الفريق بوضوح من زيادة الأمان والتنوع وتحسين التعاون وزيادة القدرة على التنبؤ وقصر أعباء العمل على القدرة. كما تستفيد المؤسسة أيضًا من هذه الأمور عندما نحسّن من طريقة الوفاء بالوعود الأخرى.

نحن نتبع التوجيهات التالية

للوفاء بالوعود التي يقطعها متخصصو الأسلوب الرشيق المُنظَم، سوف يختارون اتباع مجموعة من التوجيهات التي تزيد من فاعلية طريقة عملهم. توجيهات عقلية الأسلوب االرشيق المُنظَم هي:

1. التحقق من التعلم المكتسب
2. تطبيق التفكير التصميمي
3. العناية بالعلاقات خلال مسار القيمة
4. توفير بيئة فعالة تعزز الشعور بالسعادة
5. تغيير الثقافة عن طريق تحسين النظام
6. توفير فرق عمل شبه مستقلة وذاتية التنظيم
7. استخدام المقاييس لتحسين المخرجات
8. تعزيز وتحسين الأصول المؤسسية

التوجيه: التحقق من التعلم المكتسب

الطريقة الوحيدة لتكون مذهلاً هي تجربة طريقة عمل جديدة ثم تبنّيها إن كانت ملائمة. سير العمل في ظل التحسين المستمر الموجه يتضمن تجربة طريقة عمل جديدة وتقييمها في الممارسة الفعلية، وهو نهج يُعرف بالتعلم بالتحقق. ربما نكتشف أن طريقة العمل الجديدة تناسب السياق – نأمل في ذلك – لكن قد نكتشف أيضًا أنها لا تلائمه. في الحالتين، لقد تحققنا مما تعلمناه. الاستعداد للتجربة والقدرة عليها أمر بالغ الأهمية لجهود تحسين طريقة العمل. تذكر قول مارك توين: "ليس ما تجهله هو ما يسبب لك المتاعب، بل ما تظنه يقينًا ولا يكون كذلك."

اتباع نهج التعلم بالتحقق ليس فقط لتحسين طريقة العمل. بل يجب أن نطبق هذه الاستراتيجية أيضًا على المنتج / الخدمة (العرض) التي نقدمها للعملاء. يمكننا البناء على دفعات صغيرة وإجراء التغييرات المتاحة للأشخاص المعنيين ومن ثم نُجري تقييم نجاح هذه التغييرات في الممارسة الفعلية. يمكننا فعل هذا من خلال عرض المنتج / الخدمة على الأشخاص المعنيين، أو الأفضل من هذا أن نصدر التغييرات التي أجريناها للمستخدم النهائي الفعلي ونقيس مدى استفادته من هذه التغييرات.

التوجيه: تطبيق التفكير التصميمي

إسعاد العملاء يتطلب منا الاعتراف بأن عملنا يهدف إلى توفير مسارات قيمة تشغيلية لعملائنا عن طريق تصميم مسارات القيمة هذه وهم في أذهاننا. هذا يتطلب تفكيرًا تصميميًا من جانبنا. التفكير التصميمي يعني الشعور بالعملاء ومحاولة فهم بيئتهم واحتياجاتهم أولاً قبل تطوير الحل البرمجي. يمثل التفكير التصميمي تحولاً جذريًا من بناء الأنظمة من زاويتنا إلى حل مشكلة العميل بطريقةٍ إبداعيةٍ، والأفضل من هذا هو الوفاء باحتياجات لم يكن العملاء يعلمون أنها موجودة لديهم.

التفكير التصميمي هو نهج استكشافي يجب استخدامه للاستكشاف المتكرر لمجال المشكلة وتحديد الحلول الممكنة لها. التفكير التصميمي له جذوره في التصميم الموجه للمستخدم وكذلك التصميم الموجه للاستخدام، وكلا النهجين قد أثر في النمذجة الرشيقة وهي أحد الأساليب الكثيرة التي ساهمت ممارسته في الأسلوب االرشيق المُنظَم. في الفصل السادس، سوف نتعلم أن الأسلوب االرشيق المُنظَم يتضمن دورة حياة استكشافية وهي مخصصة لاستكشاف مجال مشكلة جديدة.

التوجيه: العناية بالعلاقات خلال مسار القيمة

إن من أعظم نقاط القوة في بيان الأسلوب الرشيق مبدؤه الأول: الأفراد والتفاعلات قبل العمليات والأدوات. إحدى نقاط القوة في المبادئ التي تأسس عليها البيان هي التركيز على فرق العمل. إلا أن الأثر الجانبي المؤسف لهذا الأمر يأخذ التركيز بعيدًا عن التفاعلات بين الأفراد في فرق العمل المختلفة أو حتى في المؤسسات المختلفة. ما نراه من خلال خبرتنا، ونظن أن هذا هو ما كان يعنيه مؤلفو البيان، هو أن التفاعلات بين الأفراد الذين يؤدون العمل هي الأمر الجوهري، بغض النظر عن كونهم جزءًا من الفريق أم لا. لذا فإنْ احتاج مدير منتجٍ ما للعمل عن قرب مع فريق تحليل البيانات لدى مؤسستنا لفهم ما يدور في السوق بصورةٍ أفضل، وكانت استراتيجية فريقنا هي الإسهام في وضع تلك الملاحظات في سياقها، فسنكون بحاجة إلى ضمان فاعلية هذه التفاعلات. نحتاج إلى التعاون بشكلٍ استباقي بين فرق العمل هذه لدعم إجمالي العمل الموجود بين أيدينا.

السعي للحفاظ على تفاعلات صحية يُعد مهمًا للأفراد المشاركين وبالتالي يجب دعمه وتعزيزه من قِبل قيادة المؤسسة. في الواقع، توجد استراتيجية قيادة تسمى "الإدارة الوسطى -العليا - الدنيا" [Nonaka] حيث تنظر الإدارة "أعلى" مسار القيمة لتحديد المطلوب، وتمكّن فريق العمل من الوفاء بهذا المطلوب، ثم تعمل مع الفِرق في المرحلة التنفيذية لتنسيق العمل بكفاءة. الهدف العام هو التنسيق الداخلي بطريقة تدعم تعزيز سير العمل بصورةٍ عامة.

يجب على فريق العمل استخدام المقاييس لطرح آرائهم حول كيفية العمل وتقديم تصور للقيادة العليا لإدارة الفرق بفاعلية. عندما تُستخدم بالشكل الصحيح، سوف تؤدي المقاييس إلى اتخاذ قرارات أفضل، ما سيؤدي بدوره إلى الحصول على نتائج أفضل. بينما الاستخدام الخاطئ لاستراتيجية المقاييس سوف يزيد البيروقراطية التي يواجهها الفريق ويعرقل الإنتاجية ويقدم معلومات مغلوطة لمن يحاول إدارة الفريق. نطرح فيما يلي بعض الاستدلالات لأخذها في الاعتبار عند اتخاذ قرار بشأن نهج القياس المتبع في الفريق:

- ابدأ بالنتائج.
- قِس ما يرتبط مباشرةً بتسليم القيمة.
- لا توجد طريقة واحدة للقياس؛ بل دائمًا تحتاج فرق العمل مقاييس ملائمة للغرض.
- لكل مقياس نقاط قوة وضعف.
- استخدم المقاييس للتحفيز وليس للمقارنة.
- نحن نحصل على ما نقيس.
- تستخدم فرق العمل المقاييس لغرض التنظيم الذاتي.
- نتائج المقاييس تكون على مستوى الفريق.
- كل فريق يحتاج إلى مجموعة متفردة من المقاييس.
- قِس لتتحسن؛ نحتاج إلى قياس الألم من أجل المكسب.
- تبنّى فئات قياس مشتركة عبر فرق العمل، وليس مقاييس مشتركة.
- ثِق لكن تحقق.
- لا تدير لمستوى المقاييس
- قم بالأتمتة متى كان هذا ممكنًا حتى لا تكون المقاييس قابلة للعبث بها.
- فضّل اتجاهات المقاييس على الكميات القياسية.
- فضّل القيادة على ملاحقة المقاييس.
- فضّل السحب على الدفع.

التوجيه: تعزيز وتحسين الأصول المؤسسية

تمتلك مؤسستنا العديد من الأصول - نظم المعلومات ومصادر المعلومات والأدوات والنماذج والإجراءات والمعارف وغيرها - التي قد يتبناها فريقنا لتحسين الفاعلية. يمكننا ليس فقط تبني هذه الأصول، بل قد نكتشف أنه بإمكاننا تحسينها أيضًا لنجعلهم أفضل لنا وللفرق الأخرى التي تختار العمل بهذه الأصول أيضًا. هذا التوجيه مهم لعدة أسباب:

1. **تم القيام بالكثير من العمل الجيد قبل هذا.** يوجد نطاق عريض من الأصول في مؤسستنا التي يمكن لفريقنا تعزيزها. أحيانًا سنكتشف أننا بحاجة أولاً إلى تطوير الأصول الموجودة لتفي باحتياجاتنا، وقد ثبت أن هذا أسرع وأقل تكلفة من بناء الأصول من الصفر.
2. **الكثير من العمل الجيد يستمر حولنا.** مؤسستنا هي شبكة من فرق العمل شبه المستقلة وذاتية التنظيم. يمكننا العمل مع هذه الفرق والتعلم منها والتعاون معها بصورةٍ استباقية، ما سيؤدي إلى إسراع تحقيق القيمة. فريق الهيكلة المؤسسية قد يساعد في توجيهنا إلى الاتجاه الصحيح وقد نساعدهم في معرفة مدى فاعلية استراتيجياتهم عند تطبيقها في الممارسة الفعلية. يؤكد ستيفين دينينغ على دور الأقسام المسؤولة عن عمليات الأعمال في المؤسسة، مثل إدارة المورّدين والمالية وإدارة الأفراد، في دعم فرق العمل التي تقوم بتنفيذ مسارات القيمة للمؤسسة [Denning]. يجب أن نعمل ونتعلم معًا بطريقة تتسم بالوعي المؤسسي إن كنا نريد إسعاد العملاء.
3. **يمكننا تقليل الدَين التقني العام** الحقيقة المؤسفة هي أن الكثير من المؤسسات تكافح تحت وطأة أحمال الدين التقني، كما ناقشنا من قبل. باختيار إعادة استخدام الأصول الموجودة، والاستثمار في سداد بعض الدين التقني الذي نصادفه عند إعادة الاستخدام، سوف نتمكن ببطء من إيجاد طريقنا للتخلص من مصيدة الدين التقني الذي نتعثر به.
4. **يمكننا تقديم قيمة أكبر بسرعة أكبر.** زيادة إعادة الاستخدام تمكننا من التركيز على تنفيذ خصائص جديدة لإسعاد عملائنا بدلاً من مجرد إعادة اختراع ما قد عرضنا عليهم بالفعل. بسداد الدين التقني، نزيد الجودة الكامنة للبنية التحتية التي نبني عليها، ما سيمكننا من تسليم خصائص جديدة بسرعة أكبر عبر الزمن.
5. **يمكننا دعم الآخرين.** كما أن فريقنا يتعاون مع الفرق الأخرى ويتعلم منها، فإن الفرق الأخرى تتعاون معنا وتتعلم منا كذلك. على مستوى المؤسسة، يمكننا تحسين هذا من خلال إنشاء مراكز التميز ودوائر ممارسة لتناول ومشاركة المعارف عبر المؤسسة. [CoE; CoP].

إليك المزيد من الفلسفات الرائعة!

إليك بعض الفلسفات التي وجدناها تنجح في الممارسة الفعلية مع ممارسي الأسلوب الرشيق المُنظَم:

1. **إن كان صعبًا، افعله أكثر.** تظن أن اختبار تكامل النظام أمر صعب؟ بدلاً من دفعه إلى نهاية دورة الحياة، كما يفعل التقليديون، اعثر على طريقة لإجرائه في كل جزئية من العمل. ثم اعثر على طريقة لإجرائه في كل يوم. الإكثار من أداء المهام الصعبة يجبرنا على ابتكار طرق، غالبًا من خلال الأتمتة، لجعلها أسهل.

الفصل الثالث

موجز التسليم الرشيق المُنظَم

"التنظيم هو فعل ما ينبغي فعله، حتى إن لم تكن ترغب في فعله." - مؤلف غير معروف

النقاط الرئيسية في هذا الفصل

- التسليم الرشيق المنظم هو الجزء الخاص بالتسليم من مجموعة الأسلوب الرشيق المنظم - فهو ليس فقط منهجيةً أخرى.
- إن كنت تستخدم سكرام أو البرمجة القصوى أو كانبان، فأنت بالفعل تستخدم أنواعًا مختلفة من مجموعةٍ فرعيةٍ تتبع التسليم الرشيق المنظم.
- يقدم التسليم الرشيق المنظم ست دورات حياة؛ فهو لا يفرض طريقةً واحدةً للعمل -الاختيار أمر جيد.
- يتعامل التسليم الرشيق المنظم مع المخاوف المؤسسية الرئيسية.
- إن أسلوب التسليم الرشيق المنظم يقوم بالتعامل مع متاعب طريقة العمل ليوفر عليك هذا العناء.
- يوضح التسليم الرشيق المنظم كيف يعمل التطوير الرشيق من البداية إلى النهاية.
- يقدم التسليم الرشيق المنظم أساسًا مرنًا يمكن بناءً عليه التوسع التكتيكي في الأساليب الرئيسية.
- البداية سهلة مع التسليم الرشيق المنظم.
- يمكنك البدء بطريقة عملك الحالية ثم تطبيق التسليم الرشيق المنظم لتحسينها تدريجيًا. لستَ بحاجةٍ إلى إحداث تغيير "ثوري" قد يتضمن مخاطرة.

تبدأ مؤسسات كثيرة رحلتها نحو الأسلوب الرشيق عن طريق تبنّي أسلوب سكرام الذي يصف استراتيجية جيدة لفرق البرمجيات الرشيقة الرائدة. إلا أن سكرام هو جزءٌ صغير جدًا من المطلوب لتسليم حلول ذكية إلى العملاء. تحتاج فرق العمل على الدوام إلى النظر في الأساليب الأخرى لملء فجوات طريقة العمل التي يتعمد سكرام تجاهلها، وهو واضحٌ للغاية بشأن هذا التجاهل. عند النظر في الأساليب الأخرى، هناك قدر كبير من التداخل والمصطلحات المتضاربة التي قد تُربك الممارسين والعملاء الخارجيين أيضًا. والأسوأ من ذلك أن الناس لا يعلمون دائمًا أين يبحثون عن النصيحة أو حتى ما المشكلات التي يحتاجون إلى التعامل معها.

لمواجهة هذه التحديات، يقدم التسليم الرشيق المنظم أسلوبًا أكثر اتساقًا للتسليم الرشيق للحلول البرمجية. التسليم الرشيق المنظم هو أسلوب رشيق هجين لتسليم حلول تقنية معلومات تتمحور حول الأفراد وتركز على التعلم. فيما يلي الجوانب الجوهرية للتسليم الرشيق المنظم:

1. **الأفراد هم الأهم** الأفراد وطريقة عملهم معًا هما محددا النجاح الرئيسي لفرق عمل تسليم حلول برمجية. يدعم الأسلوب الرشيق المنظم مجموعة مُحكمة من القواعد والحقوق والمسؤوليات التي يمكن تكييفها لتناسب احتياجات الحالة التي تتعامل معها.
2. **هجين** التسليم الرشيق المنظم هو مجموعة هجينة توظف أفكارًا عظيمة من كلٍ من سكرام، وإطار الأسلوب الرشيق المتدرج، وسبوتيفاي، ونمذجة الأسلوب الرشيق، والبرمجة القصوى، والعملية الموحدة، وكانبان، وتطوير البرمجيات الخالية من الهدر، وغيرها من الأساليب وتضعها في سياقها.
3. **دورة حياة التسليم الكامل** يعالج التسليم الرشيق المنظم دورة حياة التسليم الكامل التي تبدأ من تكوين فريق العمل حتى تسليم الحل البرمجي إلى المستخدم النهائي.
4. **يدعم دورات حياة متعددة** يدعم التسليم الرشيق المنظم صور دورة الحياة التي تتضمن الأسلوب الرشيق والأسلوب الخالي من الهدر والتسليم المستمر والاستكشاف وفرق العمل الكبيرة. لا يفرض التسليم الرشيق المنظم دورة حياة واحدة لأنه يعترف بأن أسلوبًا واحدًا لطريقة العمل لا يمكن أن يناسب جميع الحالات. يستكشف الفصل السادس دورات الحياة بتفصيل أكثر ويقدم النصيحة لاختيار دورة الحياة الصحيحة للبدء ثم كيفية التطور من دورة حياة إلى أخرى عبر الزمن.
5. **كاملة.** يوضح التسليم الرشيق المنظم كيف يتسق كل من التطوير والنمذجة والهيكلة والإدارة والمتطلبات/ المخرجات والتوثيق والحوكمة وغيرها من الاستراتيجيات معًا في نسيجٍ واحد. يقوم التسليم الرشيق المنظم بالتعامل مع " صعوبة العمليات" بينما تترك لك الأساليب الأخرى التعامل معها بمفردك.
6. **حساس للسياق** يعزز التسليم الرشيق المنظم ما نسميه الأسلوب المبني على الأهداف أو المخرجات. بفعل هذا، يقدم أسلوب التسليم الرشيق المنظم نصيحة تتعلق بالبدائل الصالحة وموازناتها بعد مراعاة السياق، ما يتيح لك تكييف التسليم الرشيق المنظم للتعامل بفاعلية مع الحالة التي بين يديك. عن طريق وصف ما يصلح وما لا يصلح، والأهم من ذلك توضيح السبب في الحالتين، يساعدك التسليم الرشيق المنظم في زيادة فرصتك في تبني استراتيجيات تصلح للحالة التي بين يديك وأن تقوم بتطبيقها بأسلوب بسيط. تذكر مبادئ الأسلوب الرشيق المنظم: أهمية السياق
7. **حلول برمجية قابلة للاستهلاك وليس مجرد برمجيات عاملة** البرمجيات القابلة للتسليم قد تكون بداية جيدة، لكن ما نحتاجه حقًا هو برمجيات قابلة للاستخدام تسعد عملاءنا.
8. **التنظيم الذاتي مع حوكمة ملائمة** فرق العمل التي تتبنى الأسلوب الرشيق والأسلوب الخالي من الهدر تتسم بالتنظيم الذاتي، وهذا يعني أن الأفراد الذين يقومون بالعمل هم أنفسهم الذين يخططون له ويضعون تقديراته. لكن هذا لا يعني أن لهم الحرية المطلقة لفعل ما يحلو لهم. بل يجب عليهم العمل في ظل وعيٍ مؤسسي يعكس أولويات مؤسستهم، وليتمكنوا من فعل هذا، يحتاج فريق العمل إلى حوكمة ملائمة من قِبل القِيادة العليا. يصف هدف حوكمة فريق العمل الخيارات التي تتيح القيام بهذا الأمر بدقة.

يقدم هذا الفصل نبذة عامة مختصرة عن التسليم الرشيق المنظم وتأتي التفاصيل في فصولٍ لاحقة.

الاختيار أمر جيد: دعم دورات حياة متعددة

تضع دورة الحياة ترتيبًا للأنشطة التي يؤديها فريق العمل لبناء حل برمجي ما. في الممارسة الفعلية، تعمل دورة الحياة على تنظيم الأساليب التي نطبّقها لإنجاز العمل. نتيجةً لأنّ فرق تسليم الحلول البرمجية تجد نفسها في مواجهة العديد من الحالات المختلفة، فيتعيّن عليهم أن يكونوا قادرين على اختيار دورة الحياة التي تناسب السياق الذي يواجهونه على النحو الأمثل. يمكنك أن ترى في الشكل 5.3 أن التسليم الرشيق المنظم يدعم ست دورات حياة:

1. **رشيق** هذه دورة حياة مبنية على أسلوب سكرام ومصممة لمشاريع تسليم الحلول البرمجية.
2. **خالي من الهدر** هذه دورة حياة مبنية على أسلوب كانبان ومصممة لمشاريع تسليم الحلول البرمجية.
3. **التسليم المستمر: الرشيق** هذه دورة حياة مبنية على أسلوب سكرام ومصممة لفرق العمل طويلة الأمد.
4. **التسليم المستمر: الخالي من الهدر** هذه دورة حياة مبنية على أسلوب كانبان ومصممة لفرق العمل طويلة الأمد.
5. **استكشافيّ** هذه دورة حياة خالية من الهدر تتمحور حول الشركات الناشئة وهي مصممة لإجراء التجارب مع العملاء المحتملين لمعرفة ما يريدونه حقًا. تدعم دورة الحياة هذه أسلوب تفكير تصميمي، كما يبين الفصل الثاني.
6. **البرنامج.** هذه دورة حياة مصممة لفريق مكون من فرق تتبنى الأسلوب الرشيق أو الأسلوب الخالي من الهدر.

يصف الفصل السادس دورات الحياة الست في أسلوب التسليم الرشيق المنظم بالإضافة إلى دورة الحياة التقليدية ويقدم نصائح حول متى نختار كلاً منهما.

الشكل 5.3 يدعم التسليم الرشيق المنظم ست دورات حياة.

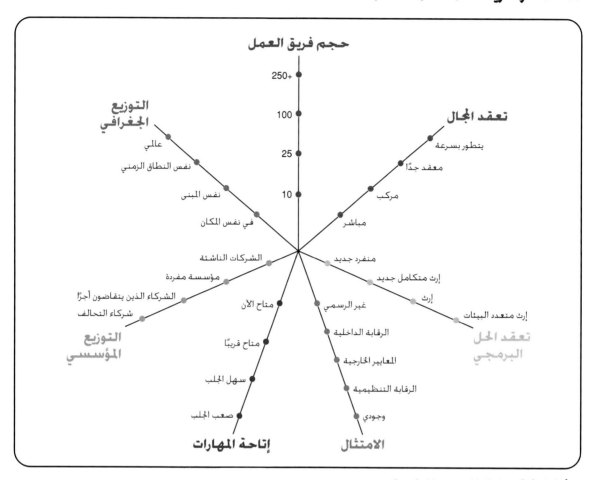

الشكل 6.3 عوامل التوسع التكتيكي

لنرى ماذا يُقصد بالتوسع التكتيكي للتسليم الرشيق للحلول البرمجية. كثير من الناس، عند سماعهم كلمة "توسع"، يتبادر إلى أذهانهم فرق العمل الكبيرة التي قد تكون مُوزعة جغرافيًا بطريقةٍ ما. هذا يحدث بوضوح، وينجح الناس بوضوح في تطبيق الأسلوب الرشيق في مثل هذه الحالات، لكن التوسع يعني أكثر من هذا. تقوم المؤسسات بتطبيق الأسلوب الرشيق كذلك في حالات الامتثال، سواءً الامتثال القانوني المفروض عليهم، مثل قانون إخضاع التأمين الصحي لقابلية النقل والمحاسبة، أو قانون حماية المعلومات الشخصية والوثائق الإلكترونية، أو النظام الأوروبي العام لحماية البيانات، أو الامتثال المُختار ذاتيًا، مثل تكامل نموذج نضج القدرات، أو المنظمة الدولية للتوحيد القياسي، أو مكتبة البنية التحتية لتكنولوجيا المعلومات. كما يوجد تطبيق الأسلوب الرشيق لنطاقٍ من تعقيدات المجال والتعقيدات الفنية حتى في حالة اشتراك عدة مؤسسات (كما في التعاقد الخارجي). يلخص الشكل 6.3 عوامل التوسع التكتيكي المحتملة التي تحتاج إلى أخذها في الاعتبار عند تصميم استراتيجية الأسلوب الرشيق الخاصة بك. عوامل التوسع هذه هي مجموعة فرعية من العوامل المذكورة في "إطار العمل المبني على الحالة والسياق" في الفصل الثاني. كلما تجاهلت التوسع، زادت المخاطرة التي تواجهها.

يقدم أسلوب التسليم الرشيق المنظم أساسًا راسخًا للتوسع التكتيكي للأسلوب الرشيق بطرقٍ متعددة:

- يعزز التسليم الرشيق المنظم دورة حياة مبنية على قيمة المخاطر حيث تواجه فرق العمل أولاً المهام التي تتضمن أعلى مخاطرة للمساعدة في الحد من المخاطر أو القضاء عليها. الأمر الذي يزيد من فرص النجاح. يفضل بعض الأشخاص وصف هذا السلوك بأنه جانب من جوانب "الفشل السريع" إلا إننا نفضل وصفه بأنه نوعٌ من التعلم السريع، أو الأفضل من هذا، النجاح المبكر.
- يعزز التسليم الرشيق المنظم التنظيم الذاتي الذي تحسنه الحوكمة الفعالة المبنية على ملاحظة أن فرق العمل التي تتبنى الأسلوب الرشيق تعمل ضمن نطاق وحدود نظام مؤسسي أكبر. نتيجةً لهذا، ينصح التسليم الرشيق المنظم بتبنّي استراتيجية حوكمة فعالة لتوجيه وتمكين فرق عمل الأسلوب الرشيق.
- كما يعزز التسليم الرشيق المنظم تسليم حلول برمجية قابلة للاستخدام بدلاً من الاقتصار على إنشاء برمجيات عاملة فقط.
- ويعزز التسليم الرشيق المنظم كذلك الوعي على مستوى المؤسسة قبل الوعي على مستوى الفريق (ويُعد هذا من المبادئ الأساسية للأسلوب الرشيق المنظم كما هو مذكور في الفصل الثاني). نقصد بهذا أن الفريق يجب أن يعمل ما هو أفضل للمؤسسة – العمل وفق رؤية مشتركة، وتحسين النظم القديمة ومصادر البيانات القائمة، واتباع توجيهات مشتركة – وليس فقط ما هو ملائم أو ممتع بالنسبة لهم.
- التسليم الرشيق المنظم هو أسلوب حساس للسياق ومبني على أهداف، وليس أسلوبًا وصفيًا إلزاميًا (من المبادئ الأساسية للأسلوب الرشيق المنظم: "الاختيار أمر جيد"). لا يمكن لأسلوبٍ واحدٍ لطريقة العمل أن يناسب جميع الحالات. لذا فإن فرق عمل التسليم الرشيق المنظم تمتلك سلطة اختيار وتطوير طريقة عملهم.

الفصل الرابع

الأدوار والحقوق والمسؤوليات

"بمفردك ستنجز القليل، معًا سننجز الكثير." - هيلين كيلر

النقاط الرئيسية في هذا الفصل

- يشير التسليم الرشيق المنظم إلى وجود خمسة أدوارٍ رئيسية: قائد الفريق ومالك المنتج وأعضاء الفريق ومالك المعمارية والأشخاص المعنيون.
- مالك المعمارية هو القائد التقني للفريق ويمثل الاهتمامات المعمارية للمؤسسة.
- يؤكد دور الأشخاص المعنيين في التسليم الرشيق المنظم على أهمية إسعاد الأشخاص المعنيين وليس فقط العملاء.
- في كثيرٍ من الحالات، سوف تعتمد فرق العمل على الأفراد الذين يؤدون الأدوار الداعمة • الأخصائيون، أو خبراء المجال أو الخبراء التقنيون أو المختبرون المستقلون أو خبراء التكامل - حسب الحاجة وبما يتلاءم مع الفريق.
- نقصد بأدوار التسليم الرشيق المنظم - كما هو الحال مع كل شيء - أن تكون نقطة انطلاق مُقترحة. قد تكون لك أسباب وجيهة تسوّغ تكييف الأدوار بما يلائم مؤسستك.

يتناول هذا الفصل الحقوق والمسؤوليات المحتملة للأفراد العاملين بفرق التسليم الرشيق المنظم والأدوار التي قد يختارون القيام بها. نقول "محتملة" حيث إنك قد تكتشف أنك بحاجة إلى تكييف هذه الأفكار لتلائم البيئة الثقافية في مؤسستك. إلا أنه من واقع خبرتنا قد وجدنا أنه كلما ابتعد الممارسون عن النصيحة التي نطرحها فيما يلي، زاد مستوى المخاطرة. كما ننصح دائمًا، افعل ما بوسعك في الحالة التي بين يديك واجتهد للتحسن بمرور الزمن. لنبدأ بالحقوق والمسؤوليات العامة.

الحقوق والمسؤوليات

تبنّي الأسلوب الرشيق يتطلب تغيير الثقافة في المؤسسة، وجميع الثقافات تتضمن أدوارًا، بعضها صريح وبعضها ضمني، حتى يتسنى لكل فرد فهم السلوك المتوقع منه. إحدى الطرق التي يمكن بواسطتها تعريف السلوك المتوقع هي التفاوض بشأن حقوق ومسؤوليات الأفراد. من المثير للاهتمام أن الكثير من الأفكار الرائعة في هذا الموضوع قد نشأت من نهج البرمجة القصوى. وهي أفكار قد طورناها للاستفادة منها في الأسلوب الرشيق المنظم [الحقوق والمسؤوليات]. تهدف القوائم التالية من الحقوق والمسؤوليات المحتملة أن تكون نقطة انطلاق محتملة لفريقك.

كأعضاء فريق عمل الأسلوب الرشيق، يحق لنا:

- أن يتم التعامل معنا باحترام.
- أن نعمل في "بيئة آمنة".
- أن ننتج ونتسلم عملاً ذا جودة عالية بناءً على معايير متفَق عليها.
- أن نختار ونطور طريقة عملنا.
- أن نقوم بالتنظيم الذاتي ونخطط لعملنا، والتسجيل في المهام التي سوف نعمل عليها.
- أن نمتلك عملية التقدير – من يقوم بالعمل هو من يقدّر حجم العمل.
- أن نحدد كيف سيعمل أعضاء الفريق معًا – من يقوم بالعمل هو من يخطط للعمل.
- أن نحصل على معلومات حسنة النية وقرارات في الوقت المناسب.

على غرار المقولة الشهيرة للعم بن باركر، نقول: مع الإمكانيات العظيمة تأتي مسؤوليات عظيمة. على أعضاء فرق عمل الأسلوب الرشيق أداء المسؤوليات التالية:

- الارتقاء بطريقة عملنا.
- الاستعداد للتعاون بشكلٍ مكثفٍ داخل الفريق.
- مشاركة جميع المعلومات بما في ذلك "العمل الجاري".
- تدريب الآخرين على مهاراتنا وخبراتنا.
- توسيع معارفنا ومهاراتنا خارج مجالات اختصاصاتنا.
- التحقق من عملنا في أبكر وقتٍ ممكن، والتعاون مع الآخرين لفعل هذا.
- حضور اجتماعات التنسيق شخصيًا أو بأي وسيلةٍ أخرى إن لم تكن متواجدة في نفس المكان.
- البحث بشكلٍ استباقي عن طرق لتحسين أداء الفريق.
- لفرق العمل التي تتبنّى دورة حياة تتبع الأسلوب الرشيق (انظر الفصل السادس)، تجنب قبول عمل يقع خارج نطاق التكرار القائم دون أخذ موافقة الفريق.
- اجعل العمل كله مرئيًا طوال الوقت، عادةً يتم هذا من خلال لوحة المهام، حتى يتّسم عمل الفريق الجاري وقدرته بالشفافية.

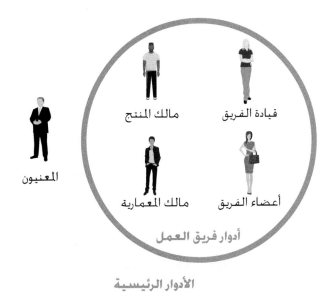

الشكل 1.4 أدوار التسليم الرشيق المنظم المحتملة

الأدوار المحتملة

يقدم التسليم الرشيق المنظم خمسة أدوار رئيسية "خارج الصندوق"، تتشابه ثلاثةٌ منها مع أسلوب سكرام. كما ترى في الشكل 1.4، يتضمن التسليم الرشيق المنظم وجود قيادة للفريق (مثلاً مدرب سكرام أول أو مدير مشروع)، ومالك للمشروع، وأعضاء الفريق. يُضيف التسليم الرشيق المنظم الأشخاص المعنيين (امتداد العملاء) ودورًا آخر رأينا كم هو مفيد في السياقات المؤسسية، ألا وهو مالك المعمارية. في الوضع المثالي، يوجد "فريق كامل" تتوافر فيه جميع المهارات المطلوبة لإنجاز المهمة. لكن، في غير الوضع المثالي، في بعض الحالات غير البسيطة يشيع أن تحتاج فرق العمل إلى مهارات من خارج الفريق، ولهذا يتضمن التسليم الرشيق المنظم مجموعة من الأدوار الداعمة التي قد تلتحق بفريق العمل عند اللزوم.

لنبدأ بالتعرف على الأدوار الرئيسية.

عند تمثيل فريق الأسلوب الرشيق لدى مجموعة الأشخاص المعنيين، فإن مالك المنتج:

- هو واجهة فريق العمل أمام الأشخاص المعنيين؛
- يؤدي العرض التجريبي للحل البرمجي أمام الأشخاص المعنيين الرئيسيين، وقد يتضمن هذا العمل أفراد التدريب في الفريق لتشغيل العرض؛
- يعلن عن الإصدارات؛
- يراقب حالة الفريق ويبلغ بها المهتمين بين الأشخاص المعنيين، وقد يشمل هذا تعليم الأشخاص المعنيين كيفية الوصول إلى لوحة القيادة الآلية للفريق وكيفية فهمها؛
- تنظيم مراجعة المعالم، والتي يجب أن تبقى بسيطة قدر الإمكان (سيتم تناول هذا الأمر في هدف عملية حوكمة الفريق)؛
- تعليم الأشخاص المعنيين عن طريقة عمل فريق التسليم؛ و
- التفاوض بشأن الأولويات والنطاق والتمويل والجداول الزمنية.

تجدر الملاحظة بأن دور مالك المنتج يغلب عليه العمل بدوامٍ كامل، وقد يتطلب هذا الدور أيضًا تقديم المساعدة على نطاقٍ واسع في المجالات المعقدة. من التحديات الشائعة التي نراها في المؤسسة التي تبدأ في تبني الأسلوب الرشيق هو أنهم يحاولون إسناد هذا الدور إلى موظف يعمل بدوامٍ جزئي، في الواقع يلقون عبء دور مالك المنتج على شخصٍ مشغول بدورٍ آخر بالفعل.

أعضاء الفريق

يركز أعضاء الفريق على إنتاج الحل البرمجي للأشخاص المعنيين. يقوم أعضاء الفريق بأداء الفحوص والاختبارات والتحليل والمعمارية والتصميم والبرمجة والتخطيط والتقدير وأنشطة كثيرة أخرى حسب الحاجة. لاحظ أنه ليس على كل عضو في الفريق أن يؤدي هذه المهام كلها، على الأقل ليس بعد، لكنهم سوف يُتقنون بعض هذه المهام حيث يعملون على اكتساب مهاراتٍ أكثر بمرور الوقت. في الوضع المثالي، يكون أعضاء الفريق أشخاصًا ذوي تخصص عام، أي أن كل عضو في الفريق له اختصاص واحد أو اثنان (مثل التحليل، أو البرمجة أو الاختبار أو غيرها) ومعرفة عامة بعملية التسليم، على الأقل معرفة عامة بالمجال الذي يعملون فيه، بالإضافة إلى الاستعداد لاكتساب مهارات ومعارف جديدة من الآخرين [أشخاص ذوو تخصص عام]. يقارن الشكل 3.4 بين أربع فئات من مستويات المهارات: الأخصائيون الذين يحصرون أنفسهم في النطاق الضيق لمجال تخصصهم، والموظفون العموميون الذين يستطيعون أداء أعمال التنظيم والتنسيق بكفاءة لكنهم لا يمتلكون المهارات الدقيقة اللازمة لأداء العمل، والخبراء الذين يمتلكون معرفةً عميقةً ومهارات دقيقة في تخصصات عدّة، والأشخاص ذوي التخصص العام الذين يقعون في منطقةٍ وسطٍ بين الموظفين العموميين والأخصائيين.

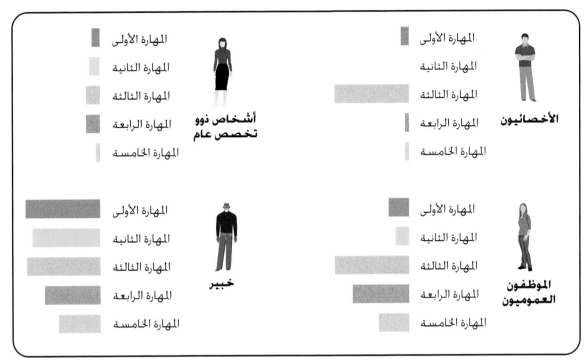

الشكل 3.4 مستويات المهارات لأعضاء الفريق

في الممارسة الفعلية، إلزام الأفراد أن يكونوا أشخاصًا ذوي تخصص عام قد يكون عملاً مُضنيًا في البداية، خاصةً للأشخاص الجدد في تطبيق الأسلوب الرشيق، ويرجع هذا إلى الاختلاف الكبير بين هذا الأسلوب والأسلوب التقليدي الذي يتضمن موظفين عموميين يديرون فرق عمل تتكون من أخصائيين. مشكلة الأسلوب التقليدي هو أنه يتطلب الكثير من التكاليف لينجح – حيث يؤدي الأخصائيون مهامهم في مرحلةٍ من العمل ثم يقدّمون ما أنجزوا لفريق آخر من الأخصائيين ليقوم بدوره بناءً على ما أنجزه الفريق الأول. لتسيير العمل، ثمة حاجة في هذا الأسلوب إلى التدوين والاحتفاظ بمستندات، غالبًا تحتوي نسخًا جديدة من معلوماتٍ قد تم توثيقها في مراحل سابقة من العمل. باختصار، يتسبب الأخصائيون في كثير من الهدر في طريقة العمل بمنتجات ثانوية مرحلية ثم مراجعة هذه المنتجات والوقت الذي يُهدر في انتظار إجراء هذه المراجعات. على النقيض من هذا، يمتلك الأشخاص ذوو التخصص العام نطاقًا واسعًا من المهارات التي تمكنهم من التعاون بفاعلية أكثر مع الآخرين وأداء نطاق أوسع من الأعمال وبالتالي تجنب إنتاج المنتجات الثانوية المرحلية. فهم يعملون بذكاءٍ أكثر وليس بجهدٍ أكبر.

التحدي هو أنك إن كنت جديدًا في تطبيق الأسلوب الرشيق، فأنت على الأرجح تمتلك أفرادًا إما موظفين عموميين أو أخصائيين، والقليل جدًا فقط من الأشخاص ذوي التخصص العام. الأمر وما فيه هو أنك إن كنت الآن تتعامل مع أفراد إما أخصائيين أو موظفين عموميين، فعليك دمج فرق العمل لديك مع هؤلاء الأفراد. بسبب رغبتك في تحسين إنتاجية الفريق، فأنت تساعد أعضاء فريقك أن يكونوا أشخاصًا ذوي تخصص عام وذلك من خلال تبني تقنيات عمل غير فردية مثل البرمجة الثنائية والبرمجة الجماعية والنمذجة مع الآخرين (سيتم تناول هذا الأمر في هدف عملية تطوير أعضاء الفريق). عند قيامك بهذا، سوف يكتسب الأخصائيون في غضون عدة أشهر نطاقًا أوسع من المهارات ويصبحون نتيجةً لهذا أشخاصًا ذوي تخصص عام أكثر كفاءة من ذي قبل.

بالإضافة إلى الحقوق والمسؤوليات العامة المذكورة سابقًا، على أعضاء الفريق عدة مسؤوليات إضافية أخرى. تتمثل هذه المسؤوليات فيما يلي:

- **التنظيم الذاتي** سوف يحدد أعضاء الفريق المهام ويقدّرون حجم العمل ويسجلون البدء فيها ويقومون بأدائها ويتعقبون حالة العمل حتى الإنجاز الكامل.

- **الرجوع إلى مالك المنتج لطلب معلومات المجال والقرارات** على الرغم من أن أعضاء الفريق سوف يقدّمون مدخلات لمالك المنتج، فإن هذا الأخير هو المسؤول في النهاية عن تقديم المتطلبات وتحديد أولويات العمل، وليس أعضاء الفريق. يتطلب الأمر الكثير من الانضباط لدى أعضاء الفريق لاحترام هذه الأدوار وعدم إضافة أي خصائص جديدة (تُعرف باسم "تسيّب النطاق") أو محاولة تخمين التفاصيل.

- **العمل مع مالك المعمارية لتطوير المعمارية** مالك المعمارية هو المسؤول عن إرشاد الفريق في أعمال المعمارية والتصميم. سوف يعمل أعضاء الفريق عن قرب وبشكلٍ تعاوني مع مالك المعمارية لتحديد وتطوير استراتيجية المعمارية. إن تعذر اتفاق الفريق على الاتجاه الذي يجب اتخاذه، قد يحتاج مالك المعمارية إلى حسم الخلاف واختيار ما يشعر أنه الخيار الأفضل، ويُتوقع من أعضاء الفريق دعم هذا الخيار. فيما يلي مزيد من التفاصيل حول هذا الأمر.

- **اتباع الأعراف المؤسسية وتعزيز وتحسين البنية التحتية القائمة** أحد مبادئ الأسلوب الرشيق المنظم (انظر الفصل الثاني) هو امتلاك الوعي المؤسسي. نتيجة هذا هي أن أعضاء فرق التسليم الرشيق المنظم سوف يتبنون أي معايير للنصوص البرمجية المؤسسية أو أعراف تصميم واجهة المستخدم أو توجيهات قواعد البيانات أو غير ذلك، وسيملكون التنظيم الكافي لتصميمها. إن لزم الأمر. كما يجب عليهم محاولة إعادة استخدام وتحسين الأصول القائمة القابلة لإعادة الاستخدام مثل خدمات الإنترنت وأطر العمل المشتركة، وحتى مصادر البيانات الموروثة، إن توفرت. يتضمن التسليم الرشيق المنظم هدف تعزيز وتحسين البنية التحتية القائمة خصيصًا لتحقيق هذه الاستراتيجية.

- **رئاسة الاجتماعات** على الرغم من أن بعض الأساليب الرشيقة الأخرى قد تُسند هذا الدور إلى قيادة الفريق، الحقيقة هي أن أي فرد في الفريق يمكنه ترأس أو تسهيل الاجتماعات. قائد الفريق مسؤول فقط عن ضمان القيام بهذا.

لماذا لا نسمي قائد الفريق مدرب سكرام؟

بما أن الأسلوب الرشيق المنظم يدعم عدة أنواع من دورات الحياة، فليس كل فريقٍ في مؤسستك قد يحتاج إلى استخدام سكرام. قد يقود فريق الأسلوب الرشيق مدرب سكرام أول، ويقود مدير المشروع الفريق المعني بمشروع، وقد يقود فريق برمجيات خالية من الهدر قائد تقني، ويقود فريق المبيعات مدير المبيعات، وهكذا. تختلف قيادة الفريق باختلاف الفريق.

قيادة الفريق

إحدى السمات الهامة في فرق العمل ذاتية التنظيم هي أن قائد الفريق يسهّل على الفريق أو يرشده في أداء أنشطة الإدارة التقنية بدلاً من تحمل هذه المسؤوليات بنفسه. قائد الفريق هو الرئيس الخادم للفريق، أو الأفضل من ذلك، هو الرئيس المستضيف، والذي يقوم بتهيئة الظروف التي تتيح للفريق تحقيق النجاح والحفاظ على استمراريتها. قد يكون من الصعب شغل هذا الدور – التوجه الشخصي محوريًا للنجاح هنا. قائد الفريق هو دور بالأساس، وليس مجرد اسم وظيفي. بناءً على نوع الفريق، قد يكون لقائد الفريق اسم "مدرب سكرام أول" لفريق يعمل على منتجٍ بالأسلوب الرشيق، أو "مدرب سكرام" لفريق سكرام بسيط، أو "مدير مشروع" لفريق يعمل على مشروع بالأسلوب الرشيق، أو "مدير تسويق" لفريق تسويق، أو "خبير أول بنية مؤسسية" لفريق بنية مؤسسية، وهكذا. أنواع الفريق المختلفة تتنوع فيها أنواع القيادة والأسماء الوظيفية في الغالب.

في فرق الأداء العالي، غالبًا يكون دور قائد الفريق تبادليًا بين أعضاء الفريق إن كان هذا ملائمًا لهم. في مثل هذه الفرق، تتم مشاركة القيادة وتوزيع عبء (ورتابة) التنسيق والتسهيل بين عددٍ من الأفراد.

قائد الفريق هو أيضًا مدرب على الأسلوب الرشيق، وربما "مدرب مبتدئ على الأسلوب الرشيق" هو اسم أكثر دقة، نظرًا لأن مدرب الأسلوب الرشيق المنظم يعمل عادةً مع عدة فرق غالبًا مختلفة بينما قائد الفريق يركز على تدريب فريق العمل الخاص به. كمدرب، يساعد قائد الفريق في إبقاء فريقه في حالة تركيز على تسليم بنود العمل وتحقيق أهداف والتزامات التكرار التي التزموا بها أمام مالك المنتج. فهو يقوم بدور القائد الحقيقي، فيسهل التواصل ويعمل على تمكين أعضاء الفريق ليختاروا طريقة عملهم، بالإضافة إلى ضمان توافر الموارد التي يحتاجها الفريق وإزالة أي عوائق تواجهه (حل المشكلات) في الوقت المناسب. عندما تكون فرق العمل ذاتية التنظيم، فإن فاعلية القيادة تكون جوهرية لتحقيق النجاح.

لاحظ ما ذكرناه عن أن قائد الفريق يدرب الفريق على اختيار طريقة العمل ولا يملك الفريق أو يُملي على الفريق ما يعمل. في الأسلوب الرشيق المنظم، جميع أعضاء الفريق مسؤولون عن طريقة العمل، وليس فقط قائد الفريق، أو شخص من خارج الفريق وهذا أسوء.

يمكن تلخيص مسؤوليات قيادة الفريق كما يلي:

- إرشاد الفريق في اختيار وتطوير طريقة العمل.
- تسهيل التعاون الوثيق عبر جميع الأدوار والوظائف.
- التأكد من أن الفريق يعمل بكامل طاقته وإنتاجيته.
- إبقاء فريق العمل في حالة تركيز على الرؤية والأهداف الخاصة بسياقهم.
- إزالة العوائق المتعلقة بالفريق وتصعيد العوائق على مستوى المؤسسة، والتعاون مع القادة في المؤسسة للقيام بهذا؛
- حماية الفريق من المقاطعات والتدخلات الخارجية؛
- الحفاظ على تواصل منفتح وصريح بين جميع الأفراد المعنيين؛
- تدريب الآخرين على استخدام وتطبيق ممارسات الأسلوب الرشيق؛
- حث الفريق على مناقشة المشكلات والتفكير في حلها عند تحديدها؛
- تسهيل اتخاذ القرار، لكنه لا يتخذ القرارات بنفسه أو يُملي على الفريق أنشطته الداخلية؛
- وضمان تركيز الفريق على إنتاج حل برمجي يُحتمل ان يكون قابلاً للاستهلاك.

عندما يكون القائد على رأس فريق مشروع أو فريق وظيفي (كفريق التسويق مثلاً)، قد يُطلب من قائد الفريق تولي مسؤوليات الإدارة التي لا توليها أُطر العمل الرشيقة كثير من الاهتمام. تتضمن المسؤوليات الاختيارية التي قد يُطلب من قائد الفريق توليها، وما تتضمنها من تحديات، ما يلي:

- **تقييم أعضاء الفريق** يوجد العديد من الاستراتيجيات لتقييم الأفراد أو تقديم الآراء التعقيبية لهم، وهي واردة في هدف تطوير أعضاء الفريق، والتي يمكنك تطبيقها. غالبًا تكون هذه مسؤولية مدير الموارد، لكن أحيانًا لا يوجد أفراد يقومون بهذا الدور. عندما يكون قائد الفريق مسؤولاً عن تقييم زملائه أعضاء الفريق، يضعه هذا في موقع سلطة فوق الأفراد الذين يُفترض أن يقودهم ويتعاون معهم. هذا بدوره قد يُحدث تغييرًا جوهريًا في ديناميكيات العلاقة بين أعضاء الفريق وقائده، ما يقلل من إحساسهم بالأمان النفسي عند العمل مع قائد الفريق حيث إنهم لا يعلمون كيف سيؤثر هذا على تقييمهم.
- **إدارة ميزانية الفريق** على الرغم من أن مالك المنتج هو بوابة التمويل عادةً، قد تدعو الحاجة إلى وجود شخصٍ مسؤول عن تتبع إنفاق التمويل وتقديم التقارير في هذا الشأن. إن لم يقُم مالك المنتج بهذا الدور، يصبح قائد الفريق عادةً هو المسؤول عن هذا.
- **التقارير الإدارية** يضمن هذا الدور وجود شخص في فريق العمل يقوم بتسجيل قياسات الأداء المتعلقة بالفريق ويقدم التقارير عن سير عمل الفريق إلى إدارة الشركة. نرجو أن يكون هذا النوع من التقارير عن طريق تقنية لوحة المعلومات، وإن كان الأمر غير ذلك، يكون قائد الفريق غالبًا مسؤولاً عن إنتاج أي تقارير لازمة يدويًا. تتناول أهداف "تنظيم المقاييس" و"قياس المخرجات" المقاييس بالتفصيل.

- **الحصول على الموارد** قائد الفريق هو المسؤول غالبًا عن ضمان إتاحة الأدوات التعاونية للفريق، مثل لوحات المهام لتنسيق عمل الفريق ولوحات العرض للنمذجة.
- **تسهيل الاجتماع** يضمن هذا الدور وجود شخص في فريق العمل يقوم بتسهيل الاجتماعات المختلفة (اجتماعات التنسيق واجتماعات تخطيط التكرار والعروض التجريبية واجتماعات النمذجة واجتماعات التقييم بأثر رجعي).

غالبًا يكون دور قائد الفريق بدوامٍ جزئي، خاصةً في فرق العمل الأصغر حجمًا. الأمر وما فيه هو أن قائد الفريق يحتاج للمهارات التي تجعله عضوًا بالفريق كذلك، أو في بعض الحالات أن يكون مالك المعمارية (انظر التفاصيل فيما يلي). لكن في فرق العمل الجديدة في تطبيق الأسلوب الرشيق تكون النواحي التدريبية لدور قائد الفريق حيوية لتحقيق النجاح في تبنّي الأسلوب الرشيق. بإمكان المؤسسات الجديدة في تطبيق الأسلوب الرشيق أن تسعى إلى هذا الأمر من الناحية المفاهيمية حيث لم يكن عليهم القيام بمثل هذا الاستثمار في تنمية العاملين لديهم من قبل.

من البدائل الأخرى أن تكلف شخصًا بقيادة فريقين أو ثلاثة، إلا أن هذا سيضطر الفرق إلى التباطؤ الزمني في إقامة إجراءاتهم، مثل اجتماعات التنسيق والعروض التجريبية والتقييمات بأثرٍ رجعي، حتى يتمكن قائد الفريق من متابعتها جميعًا. قد ينجح هذا البديل مع فرق العمل ذات الخبرة في طريقة تفكير الأسلوب الرشيق وتقنياته حيث إنهم لا يحتاجون إلى كثير من التدريب. علاوةً على ذلك، حيث تصبح فرق العمل أكثر مهارة وكفاءة في التنظيم الذاتي، تقل الحاجة إلى شخص يقوم بدور قائد الفريق وقد يكفي فقط أن يتقدم شخصٌ ما من وقتٍ لآخر لتولي مسؤوليات قائد الفريق.

مالك المعمارية

مالك المعمارية هو الشخص المسؤول عن توجيه الفريق في اتخاذ قرارات المعمارية والتصميم وتسهيل تحديد معالم تصميم الحل البرمجي وتطويره [نمذجة الأسلوب الرشيق]. في فرق العمل صغيرة الحجم، يقوم الشخص المسؤول عن دور قائد الفريق غالبًا بتولي دور مالك المعمارية كذلك، بافتراض أنه يمتلك المهارات اللازمة لأداء الدورين. لكن لا يسعنا إلا أن نقول إنه من خلال خبرتنا نعرف أنه من الصعب العثور على شخصٍ مؤهل لأداء أيٍ من هذين الدورين، فضلاً عن أداء الاثنين معًا.

بالرغم من أن مالك المعمارية هو عادةً المطوّر الأول بالفريق – وقد يُعرف أحيانًا باسم "المهندس التقني" أو "مهندس البرمجيات" أو "مهندس الحل البرمجي"– تجدر الملاحظة أن هذا ليس منصبًا أعلى يعمل تحت سلطته باقي أعضاء الفريق. بل هذا الشخص مسؤول كغيره من أعضاء الفريق عن تسجيل البدء في المهام وتسليم العمل المتعلق بها. يجب أن يتحلى مالك المعمارية بخلفيةٍ تقنيةٍ وفهمٍ راسخٍ لمجال الأعمال.

تشمل مسؤوليات مالك المعمارية ما يلي:

- توجيه إنشاء وتطوير بنية الحل البرمجي الذي يعمل عليه الفريق (لاحظ أن مالك المعمارية ليس مسؤولاً حصرًا عن المعمارية؛ بل هو من يقود النقاشات المتعلقة بالمعمارية والتصميم).
- تعليم وتدريب أعضاء الفريق الآخرين على ممارسات المعمارية ومشكلاتها؛
- فهم توجه ومعايير المعمارية لدى مؤسستك والمساعدة في ضمان التزام فريق العمل بها بالشكل الصحيح؛
- العمل عن قرب مع مهندسي المعمارية لدى المؤسسة، إن وُجدوا، أو قد يكون هو نفسه مهندس المعمارية بالمؤسسة (لاحظ أن هذا قد يكون تغييرًا مثيرًا في الشركات الأكبر حجمًا التي يكون مهندسو المعمارية فيها غير متفاعلين بنشاطٍ مع فرق العمل في الوقت الحالي. هذا شائعٌ إلى حدٍ ما في المؤسسات الأصغر حجمًا.)؛
- العمل عن قرب مع مالك المنتج لمساعدته في فهم احتياجات الأشخاص المعنيين التقنيين، وملابسات الدَين التقني، والحاجة إلى الاستثمار في التعامل مع هذا الدين، وفي بعض الحالات فهم أعضاء الفريق والتفاعل معهم بفاعلية أكبر؛
- فهم الأصول المؤسسية القائمة مثل أُطر العمل والأنماط والنظم الفرعية وضمان استخدام الفريق لها عند اللزوم؛
- ضمان سهولة دعم الحل البرمجي وذلك عن طريق الحث على التصميم الجيد وإجراء التعديلات للحد من الدين التقني (وهو ما يركز عليه هدف تحسين الجودة في التسليم الرشيق المنظم)؛
- ضمان تكامل وفحص الحل البرمجي بصفة منتظمة، والأفضل أن يكون هذا من خلال استراتيجية التكامل المستمر؛
- أن يكون صاحب الكلمة الأخيرة في القرارات التقنية، لكن مع تجنب فرض المعمارية على الفريق من أجل تعزيز الأسلوب التعاوني المبني على التفاعل بين أعضاء الفريق (يجب على مالك المعمارية أن يعمل عن كثب مع الفريق لتحديد ووضع الاستراتيجيات للحد من المخاطر التقنية، وهو ما يتناوله هدف الإثبات المبكر للمعمارية.)؛
- وقيادة جهود إعداد التصور الأولّي للمعمارية في بداية الإصدار ودعم جهود إعداد التصور الأولي للمتطلبات (خاصةً عندما يتعلق الأمر بفهم وتطوير المتطلبات غير الوظيفية للحل البرمجي).

الأدوار الداعمة المحتملة

كم نودّ لو كان بإمكاننا القول إن الخمسة أدوار الرئيسية السابقة هي كل ما تحتاجونه لتحقيق النجاح. الحقيقة ان الأدوار الرئيسية لا تغطي النطاق بأكمله – فلا يُحتمل أن يمتلك فريقك كل الخبرة التقنية التي يحتاجها. كما أنه من غير المحتمل أن يتمتع مالك المنتج لديك بالخبرة المعرفية في جميع نواحي المجال، وحتى إن كان لدى شركتك خبراء في جميع نواحي تسليم الحلول البرمجية، لا يمكن أن توفر الشركة لكل فريق عمل أفرادًا يملكون جميع الخبرات المطلوبة. قد يحتاج فريقك إلى إضافة بعض الأدوار التالية أو جميعها:

1. **خبير المجال (الخبير الموضوعي)** يمثل مالك المنتج نطاقًا واسعًا من الأشخاص المعنيين وليس فقط المستخدمين النهائيين، لذا فلا يُعقل أن يُتوقع منه أن يكون خبيرًا في كل دقائق المجال، وهذا ينطبق خصيصًا على المجالات المعقدة. سوف يحتاج مالك المنتج أحيانًا أن يُشرك بعض خبراء المجال مع فريق العمل (مثل خبير الضرائب لتوضيح تفاصيل أحد المتطلبات، أو الراعي التنفيذي لتوضيح الرؤية).

2. **الأخصائيون** بالرغم من أن أغلب فرق الأسلوب الرشيق تتألف من أشخاص ذوي تخصص عام، أحيانًا، خاصةً عند التوسع، قد يلزم اللجوء إلى أخصائيين من خارج الفريق. فمثلاً في فرق العمل الكبيرة أو المجالات المعقدة، قد يَلحق بالفريق محلل أعمال واحد او أكثر للمساعدة في التعرف على متطلبات الشيء الذي يتم بناؤه. في فرق العمل الكبيرة جدًا، قد تدعو الحاجة إلى وجود مدير مشروع للتنسيق بين قادة المجموعات / الفرق الفرعية المختلفة. سوف ترى الأخصائيين أيضًا في فرق العمل التي لا تمتلك أشخاصًا ذوي تخصص عام بعد – عندما تكون شركتك في بداية تطبيقها للأسلوب الرشيق، قد توظف أخصائيين لم يتمكنوا بعد من الانتقال إلى أشخاص ذوي تخصص عام.

3. **الخبير التقني** يحتاج فريق العمل أحيانًا إلى مساعدة الخبراء التقنيين، كخبير البناء لإعداد نصوص البناء، أو مسؤول قواعد بيانات رشيقة للمساعدة في تصميم واختبار قواعد البيانات، أو خبير أمني لتقديم المشورة حول كتابة حل آمن. تتم الاستعانة بالخبراء التقنيين حسب الحاجة وبصورةٍ مؤقتةٍ لمساعدة الفريق في التغلب على المشكلات الصعبة ولنقل مهاراتهم إلى مُطوّرٍ أو أكثر في الفريق. غالبًا يعمل الخبراء التقنيون مع فرق عمل أخرى مسؤولة عن المخاوف التقنية على المستوى المؤسسي أو قد يكونوا ببساطة أخصائيين مُعارين لفريقك من فرق تسليمٍ أخرى.

4. **مختبر مستقل** بالرغم من أن أغلب الاختبارات يُجريها الأفراد في فرق التسليم الرشيق المنظم أنفسهم، بعض الفرق تتلقى الدعم من فريق اختبار مستقلٍ يعمل بالتوازي ويتحقق من عمل الفريق خلال دورة الحياة بأكملها. تَلزم المساعدة من فريق الاختبار المستقل بالذات لحالات التوسع في المجالات المعقدة، باستخدام تكنولوجيا معقدة، أو للتعامل مع مشكلات الامتثال القانوني.
5. **خبير التكامل** بالنسبة لفرق التسليم الرشيق المنظم الكبيرة التي تتألف من فرق فرعية / مجموعات، تكون الفرق الفرعية عادةً مسؤولةً عن واحدٍ أو أكثر من النظم الفرعية أو الخصائص. بشكلٍ عام، كلما كبُر الفريق الإجمالي، كان الحل البرمجي الذي يتم بناؤه أكبر وأكثر تعقيدًا. في هذه الحالات، قد يتطلب الفريق الإجمالي فردًا أو أكثر لأداء دور خبير التكامل المسؤول عن بناء الحل البرمجي بالكامل من النظم الفرعية المختلفة. في فرق العمل الأصغر حجمًا أو في الحالات الأبسط، يكون مالك المعمارية عادةً هو المسؤول عن ضمان التكامل، وهي مسؤولية يتولاها خبراء التكامل في البيئات الأكثر تعقيدًا. غالبًا يعمل خبراء التكامل عن قرب مع فريق الاختبار المستقل، إن وُجد، لاختبار تكامل النظام بانتظام أثناء الإصدار. دور خبير التكامل عادةً يكون مطلوب على نطاقٍ واسعٍ في الحلول البرمجية التقنية المعقدة.

إحدى الملابسات المثيرة للمؤسسات المبتدئة في تطبيق الأسلوب الرشيق هي أن فرق عمل الأسلوب الرشيق قد تحتاج إتاحة الوصول إلى أفرادٍ يعملون في هذه الأدوار الداعمة في مرحلة مبكرة من دورة الحياة بمعدلٍ يفوق ما اعتادوا عليه في فرق العمل التقليدية. كما أن توقيت الحاجة إلى الوصول إلى هؤلاء الأفراد قد يكون أقل قابلية للتنبؤ، وهذا بسبب الطبيعة التطورية للأسلوب الرشيق، أكثر مما هي في حالة التطوير وفق الأسلوب التقليدي. لقد وجدنا أن الأفراد في هذه الأدوار الداعمة يحتاجون أن يكونوا على قدرٍ من المرونة.

أدوار القيادة الثلاثة

غالبًا نشير إلى قائد الفريق ومالك المنتج ومالك المعمارية بوصفهم القيادة الثلاثية للفريق. كما ترى في الشكل 4.4، يركز مالك المنتج على بناء المنتج الصحيح، ويركز مالك المعمارية على بناء المنتج بشكلٍ صحيح، وقائد الفريق على بنائه بسرعة. يجب إحداث التوازن بين هذه الأولويات الثلاث من خلال التعاون الوثيق بين الأفراد الذين يؤدون هذه الأدوار. يشير الشكل 4.4 أيضًا إلى ما يحدث عندما يتم تجاهل أحد هذه الأولويات. عندما تكون فرق العمل جديدة في تطبيق الأسلوب الرشيق، قد تبدو النقطة المركزية صغيرة إلى حدٍ ما في البداية، لكن بمرور الوقت، يسهم الأفراد في هذه الأدوار الثلاثة، والأهم أعضاء الفريق أنفسهم، في جعلها تنمو.

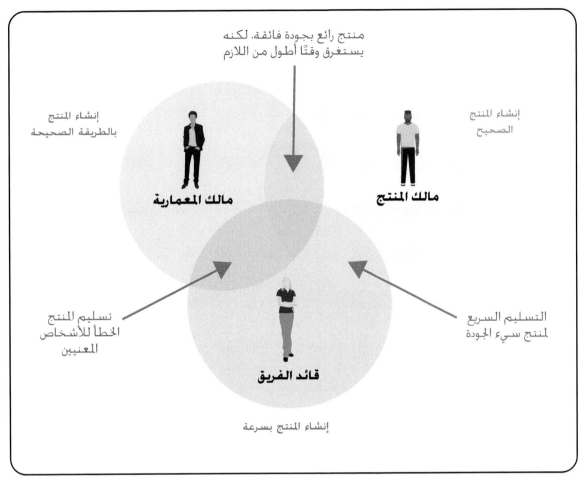

الشكل 4.4 وجهات نظر أدوار القيادة الثلاثة

هل نحتاج أدوار سكرام أصلاً؟

في التسعينيات من القرن الماضي عندما تم ابتكار سكرام، كان العالم مختلفًا. فقد اعتدنا وقتها على العمل في دوائر متخصصة في معزل بعضها عن بعض، حيث كنا نبني البرمجيات من المستندات ولم نكن نعلم حقًا كيف ومتى نحتاج أن نتعاون، ومن هنا كانت الحاجة إلى مدرب سكرام يُجبر أعضاء الفريق على التعاون ويوحدهم خلف هدف واحد للفريق. هذه الأيام، الكثير من المطورين الصغار لم يعملوا قط في مثل تلك البيئات المنعزلة. فهم لا يحتاجون إلى دورٍ محددٍ في الفريق لضمان التعاون بفاعلية. بالمثل، لماذا نحتاج إلى مالك منتجٍ رسمي بين فريق العمل وباقي الأشخاص المعنيين؟ هذه الدرجة من الفصل تزيد من فرص سوء التواصل وتقلّل من فرص الفريق في الشعور بالتعاطف مع من يبنون الحل البرمجي لهم. في الأيام الأولى لأسلوب سكرام، كان من الصعب الوصول إلى الأشخاص المعنيين لذا دعت الحاجة إلى وجود مالك المنتج "الإلزامي". لكن الممارسة الأكثر قبولاً اليوم هي توفر إمكانية الوصول المباشر إلى الأشخاص المعنيين، وتوقع المشاركة النشطة من قبل الأشخاص المعنيين.

في الأسلوب الرشيق المنظم، نحتاج باستمرار إلى تذكير فرق العمل أن السياق مهم وأن الاختيار أمر جيد. مثل كل شيء في الأسلوب الرشيق المنظم، الأدوار التي نرسم لها الخطوط العريضة تبقى "أفكارًا جيدة" قد تناسبك وقد لا تناسبك. في هدف تشكيل فريق العمل، نحن نشجعك على النظر في الأدوار التي تناسب فريق العمل الخاص بك. إن كنت جديدًا في تطبيق الأسلوب الرشيق وكانت هناك مقاومة مؤسسية بسيطة للتغيير، فقد تكون بحاجةٍ إلى تبنّي الأدوار الكلاسيكية للتسليم الرشيق المنظم. إن كنت في مرحلة أكثر تقدمًا من النضج والقدرة في تطبيق الأسلوب الرشيق، أو إن كان تبنّي أدوار جديدة سيؤدي إلى أثرٍ سلبي، فربما تحتاج إلى تكييف الأدوار بما يناسبك.

تصميم أدوار فريق التسليم الرشيق المنظم لمؤسستك

كما ذكرنا سابقًا، أنت تبني فرق العمل بمن لديك من الأفراد. ترى بعض المؤسسات أنها غير قادرة على توظيف أفراد يقومون ببعض هذه الأدوار، أو أن بعض الأدوار في الأسلوب الرشيق المنظم ببساطة لا تلائم ثقافتهم القائمة. كنتيجة لهذا، يجدون أنفسهم في حاجة إلى تكييف الأدوار لتعكس الحالة التي بين أيديهم. لكن تكييف الأدوار أشبه بالمنحدر الزلق، حيث وجدنا أن أدوار التسليم الرشيق المنظم تنجح في الممارسة الفعلية، لذا فإن أي تكييف قد يزيد من المخاطر التي يواجهها فريق العمل. يوضح الجدول 1.4 خيارات التكييف للأدوار الرئيسية، والمخاطر المرتبطة بكل منها.

الجدول 1.4 خيارات التصميم المحتملة للأدوار الرئيسية

الدور	تصميم الخيارات والمخاطر
مالك المعمارية	• **مهندس التطبيق / الحل البرمجي** المهندس التقليدي لا يعمل بشكل تعاوني مثل مالك المعمارية، الأمر الذي يعرضه لخطر سوء فهم رؤيته أو تجاهلها من قِبل الفريق. • **لا مالك معمارية** في غياب من يقوم بدور مالك المعمارية، يجب على الفريق التعاون بنشاط لتحديد استراتيجية المعمارية بأنفسهم، وقد يؤدي هذا إلى إغفال الفريق بعض المخاوف المتعلقة بالمعمارية مما يضطرهم إلى دفع الثمن لاحقًا في مراحل متقدمة من دورة الحياة وإعادة الكثير من العمل.
مالك المنتج	• **محلل الأعمال** عادةً لا يملك محلل الأعمال سلطة اتخاذ القرارات التي يملكها مالك المنتج، لذا فقد يمثل عائقًا للفريق في حالة الحاجة إلى اتخاذ قرارٍ بسرعة. كما أن محللي الأعمال يميلون إلى تفضيل إنتاج مستندات للمتطلبات بدلاً من التعاون المباشر مع أعضاء الفريق. • **المشاركة الفعالة للأشخاص المعنيين** يعمل أعضاء الفريق مباشرةً مع الأشخاص المعنيين لفهم احتياجاتهم والحصول على آرائهم التعقيبية على عملهم. سوف يحتاج الفريق إلى طريقةٍ لتحديد رؤية ثابتة للعمل عليها، وإلا فهم يعرّضون أنفسهم لخطر الانحراف في اتجاهاتٍ عدة.
المعنيون	• **الشخصيات** بالرغم من وجود أشخاص معنيين دائمًا، قد لا تتمكن من الوصول إليهم، أو بعبارةٍ أدقّ، قد لا تتمكن من الوصول إليهم جميعًا. الشخصيات هم أشخاص خياليون يمثلون فئات الأشخاص المعنيين. الشخصيات تمكّن الفريق من التحدث من خلال هؤلاء الأشخاص الخياليين واستكشاف كيف سيتفاعلون مع الحل البرمجي.
قائد الفريق	• **مدرب سكرام** لقد حصلنا على نتائج مختلطة مع مدربي سكرام في فرق العمل، غالبًا بسببٍ أن منصب "مدرب سكرام معتمد®" يتطلب جهدًا ضئيلاً جدًا للحصول عليه. نتيجةً لهذا، نقترح أن تضع مدرب سكرام أول مؤهل في هذا الدور، وليس فقط مدرب سكرام معتمد. • **مدير المشروع**. بإسناد مهام العمل للأفراد ثم مراقبتهم، سوف يلغي مدير المشروع قدرة الفريق على الاستفادة من التنظيم الذاتي ويقلل من الأمان النفسي داخل الفريق. لكن نسبة ملحوظة من مديري المشاريع مستعدون وقادرون على التخلي عن استراتيجيات التحكم والمراقبة لصالح أسلوب القيادة. • **لا قائد للفريق** لقد رأينا فرق عمل ذاتية التنظيم بحق لا تحتاج إلى قائدٍ للفريق. طالما كانت توجد فرق عمل تعمل معًا لمدةٍ طويلةٍ وكان أفرادها يختارون التعامل مع ما كان يُفترض أن يكون من مسؤوليات قائد الفريق حسب الحاجة، بالضبط كما كانوا يتعاملون مع أنواع العمل الأخرى.
أعضاء الفريق	• **الأخصائيون** كما قلنا سابقًا، إن كان الأخصائيون هم كل ما لديك، فعليك أن تشكل فريقك منهم.

أدوار التسليم الرشيق المنظم والأدوار التقليدية

الكثير من الأصوليين في الأسلوب الرشيق يصرون على أن الأدوار التقليدية مثل مدير المشروع ومحلل الأعمال ومدير الموارد وغيرها تذهب أدراج الرياح مع تبنّي الأسلوب الرشيق. بالرغم من أن هذا **قد** يحدث على المدى الطويل، فهو ليس عمليًا على المدى القصير. إن القضاء على الأدوار التقليدية في بداية تحولك إلى الأسلوب الرشيق يعتبر تغييرًا ثوريًا وغالبًا يؤدي الى مقاومة الأفراد لتطبيق الأسلوب الرشيق ويسهم في تقويضه. نحن نفضل أسلوبًا أكثر تدرجًا وأقل هدمًا، يحترم الأفراد وتطلعاتهم المهنية. بينما يتطلب الأسلوب الرشيق طرق عمل مختلفة، تبقى المهارات والدقة في التخصصات التقليدية قيّمة للغاية. فمديرو المشاريع يفهمون إدارة المخاطر وتقدير الاستراتيجيات وتخطيط الإصدار. كما يسهم محللو الأعمال المدَربون بالطريقة الكلاسيكية أو المعتَمدون في تقديم مجموعة ثرية من خيارات النمذجة (الكثير منها وارد في هدف استكشاف النطاق). فالقول إننا لا نحتاج إلى مدير مشروع أو محلل أعمال ينم عن قصر النظر والسذاجة وعدم الاحترام لهذه المِهن.

وبعد قولنا هذا، نود القول إن الأدوار الرئيسية في التسليم الرشيق المنظم فعالة للغاية في الممارسة الفعلية. عندما نعمل مع الشركات لتحسين طريقة عملها، نساعد أكبر عددٍ ممكنٍ من الأفراد في الانتقال من أدوارهم التقليدية القائمة إلى أدوار التسليم الرشيق المنظم، التي يجدونها غالبًا مُرضية أكثر في الممارسة الفعلية. يوضح الشكل 5.4 الخيارات الشائعة للعديد من الأدوار التقليدية. ما نطرحه هنا هو مجموعة من التعميمات، ومن المهم الاعتراف بأن الأفراد سوف يختارون مساراتهم المهنية الخاصة بهم بناءً على تفضيلاتهم ورغباتهم – حيث يوفر الأسلوب الرشيق خيارات مهنية لكل واحد. الشيء المهم هو الاعتراف بأنه بإمكان كل فرد أن يجد له مكانًا في مؤسسةٍ تتبنّى الأسلوب الرشيق إن كان مستعدًا ليتعلم طريقة عمل جديدة وينتقل إلى أدوارٍ جديدة.

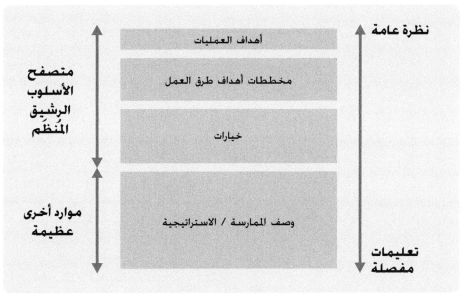

الشكل 1.5 مستويات التفاصيل الخاصة بأهداف العمليات

كما ترى في الشكل 1.5، توجد أربع مستوياتٍ من التفاصيل عندما يتعلق الأمر بوصف أهداف العمليات:

1. **أهداف العمليات** اسم مُخرج العملية، على سبيل المثال: "تحديد استراتيجية الهيكلة" أو "إسراع تسليم القيمة" أو "نشر الحل البرمجي" أو "تطوير أعضاء الفريق". أسماء المخرجات الخاصة بأهداف العمليات مفيدة في أنها تقدم لغةً ثابتةً لمناقشة المشكلات المرتبطة بالعمليات عبر فرق العمل المختلفة التي يُحتمل أن تختلف طرق عملها كثيرًا.
2. **مخطط أهداف العمليات** هذا وصف مرئي للجوانب التي تحتاج إلى التفكير فيها بشأن الهدف، والتي نسميها مراحل اتخاذ القرار، وإليك كذلك العديد من الخيارات لكل مرحلة للاختيار من بينها. لا نقول إننا قد حددنا جميع الأساليب الممكنة المتاحة لك، لكننا قد حددنا ما يكفي لمنحك مجموعةً جيدة من الخيارات ولنوضح أنك تمتلك خياراتٍ بالفعل. من عدة أوجه، يعتبر مخطط أهداف العمليات نسخةً متقدمةً من شجرة اتخاذ القرار، ويعرض الشكل 4.5 مثالاً عليه لاحقًا في هذا الفصل. مخططات أهداف العمليات مفيدة للممارسين ذوي الخبرة، ويشمل ذلك مدربي الأسلوب الرشيق، حيث إنها تمثل نبذةً عامةً عما يحتاجون إلى أخذه في الاعتبار عند تصميم ذلك الجزء من طريقة العمل الذي يتعلق بالهدف المُراد.
3. **جداول الخيارات** يقدم جدول الخيارات ملخصًا للممارسات أو الاستراتيجيات المحتملة التي يجب عليك النظر في تبنّيها للتعامل مع مرحلة اتخاذ قرارٍ معينة. يُعرض مع كل خيار التفضيلات والموازنات المتعلقة به حتى نضعه في سياقه. لا يوجد ما يُسمى بأفضل الممارسات - كل ممارسة / استراتيجية مطروحة قد تنجح في بعض السياقات دون غيرها. تساعدك جداول الخيارات في تحديد ما تعتقد أنه الخيار الأفضل لفريقك لتجربته في الحالة التي بين أيديكم. يعرض الشكل 5.5 مثالاً لهذا لاحقًا في هذا الفصل.
4. **وصف الممارسة / الاستراتيجية** كل تقنية موصوفة من خلال مدونات أو مقالات، وفي بعض الحالات، كتابٍ أو أكثر. على سبيل المثال، يوجد الآلاف من منشورات المدونات والمقالات التي تتكلم عن التطوير المبني على الاختبار، بالإضافة إلى العديد من الكتب النافعة. هدفنا هو توجيهك في الاتجاه الصحيح لتعثر على موارد عظيمة، وهو بالضبط ما نفعله في متصفح الأسلوب الرشيق المنظم.

السياق مهم: فرق الأسلوب الرشيق المنظم تعمل على أساس الأهداف

يعرض الشكل 2.5 أهداف فريق تسليم رشيق منظم مُصنفة حسب المراحل الثلاثة: نقطة الانطلاق، والإنشاء، والانتقال، بالإضافة إلى الأهداف المستمرة طوال دورة الحياة.

إن كنت لا زلت متذكر ما سبق عن العمليات، ربما تكون قد لاحظت أننا تبنّينا أسماء المراحل الواردة في "العملية الموحدة" [Kruchten]. بعبارةٍ أدقّ، لقد تبنّينا ثلاثة من الأسماء الأربعة من "العملية الموحدة" حيث إن التسليم الرشيق المنظم لا يحتوي على مرحلة صياغة، على عكس العملية الموحدة. بعض الناس سوف يعتبرون هذا دليلاً على أن التسليم الرشيق المنظم لا يعدو كونه عملة موحدة، لكن إن كنت مُلمًا بالعملية الموحدة، سوف تعرف بوضوح أن هذا ليس صحيحًا. لقد اخترنا أن نتبنّى هذه الأسماء لأنها، بصراحة، كانت مناسبة تمامًا. فلسفتنا هي إعادة استخدام وتعزيز أكبر عددٍ ممكن من الأفكار العظيمة، بما في ذلك المصطلحات، وألا نطرح مصطلحاتٍ جديدةٍ إن كنا نستطيع تجنب هذا.

مخططات أهداف العمليات

بالرغم من أن إدراج الأهداف عالية المستوى بالشكل 2.5 يعتبر بدايةً جيدة، أغلب الأشخاص يحتاجون إلى معلوماتٍ أكثر من هذا. للانتقال إلى المستوى التالي من التفاصيل، نستخدم مخططات الأهداف، والتي تجد رموزها في الشكل 3.5 ومثالاً عليها في الشكل 4.5. أولاً، لنستكشف الرموز:

- **أهداف العمليات** تُعرض أهداف العمليات على شكل مستطيلات بحواف دائرية.
- **مراحل اتخاذ القرار** مراحل اتخاذ القرار، وهي مشكلات في العملية تحتاج إلى التعامل معها، تظهر في شكل مستطيلات. أهداف العمليات سوف تتضمن مرحلتي اتخاذ قرار أو أكثر، وأغلب الأهداف تتضمن أربع أو خمس مراحل، وقد تزيد مراحل اتخاذ القرار على هذا في بعض الأهداف. يمكن التعامل مع كل مرحلة من مراحل اتخاذ القرار بواسطة ممارسات / استراتيجيات تظهر في قائمةٍ جهة اليمين. بعض مراحل اتخاذ القرار لن تحتاج إلى التعامل معها، وذلك حسب السياق. فمثلاً، هدف تنسيق الأنشطة يتضمن مرحلة اتخاذ قرار تتعلق بالتنسيق عبر البرنامج، وهي تنطبق على فريقك فقط إن كان جزءًا من فريقٍ أكبر (فريق مؤلف من عدّة فرق).
- **قوائم خيارات مرتبة** تظهر قائمة الخيارات المرتبة في شكل سهم على يسار قائمة الأساليب. أي أن الأساليب التي تظهر أعلى القائمة مرغوبة أكثر، فهي أكثر فاعلية في الممارسة بشكلٍ عام، والأساليب الأقل جاذبية تظهر أسفل القائمة. يجب على فريقك بالطبع أن يبذل جهده لتبنّي أكثر الأساليب فاعلية ويستطيعون تطبيقها في ظل سياق الحالة التي بين أيديهم. بعبارةٍ أخرى، ابذل ما في وسعك لكن تذكّر أنه ربما توجد أساليب أفضل قد تختار أن تتبنّاها في مرحلةٍ ما. من زاوية نظرية التعقيد، مرحلة اتخاذ القرار التي تتضمن قائمة خيارات مرتبة هي بالفعل لها توجه يشير إلى مسار تغيير. في الشكل 4.5، مستوى التفاصيل في مرحلة اتخاذ القرار الخاصة بمستندات النطاق يتضمن مجموعة مرتبة من الخيارات، بينما الثاني لا.

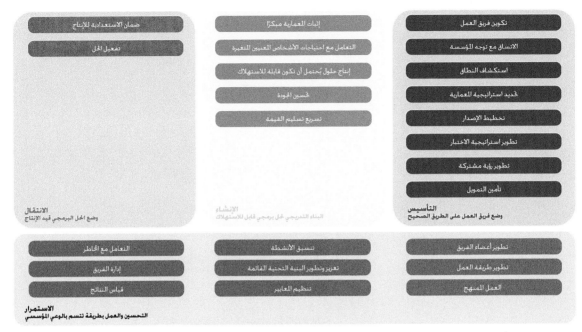

الشكل 2.5 أهداف العمليات في التسليم الرشيق المنظم.

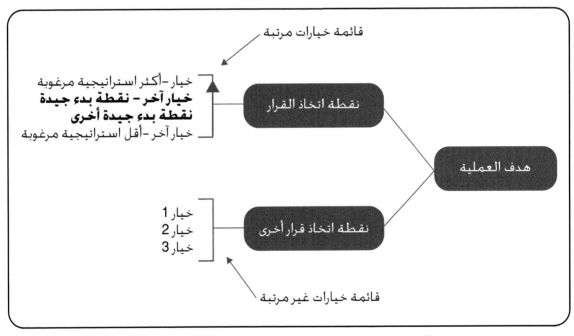

الشكل 3.5 رموز مخطط أهداف العمليات.

الشكل 4.5 مخطط هدف استكشاف النطاق.

- **قوائم خيارات غير مرتبة** تظهر قائمة الخيارات غير المرتبة دون سهم – لكل خيار ميزاته وعيوبه، لكن ليس من الواضح كيف يمكن ترتيب الخيارات بصورةٍ عادلة.
- **نقاط الانطلاق المحتملة** تظهر نقاط الانطلاق المحتملة بخطٍ مائلٍ داكن. حيث قد توجد أساليب للاختيار من بينها، فقد أوردنا الأساليب "الافتراضية" بخطٍ مائلٍ داكن. هذه الأساليب الافتراضية تعتبر نقاط انطلاق جيدة لفرق العمل صغيرة الحجم المبتدئة في تطبيق الأسلوب الرشيق والتي تتولى التعامل مع مشكلةٍ مباشرةٍ – وهي في أغلب الحالات تقريبًا استراتيجيات من إسكرام، والبرمجة القصوى، ونمذجة الأسلوب الرشيق، مع القليل من الأفكار من العملية الموحدة التي استُخدمت لبلورة الأمور.

من الشائع في الممارسة الفعلية أن يتم خلط عدة خيارات من قائمةٍ معينة. على سبيل المثال، فكّر في مرحلة اتخاذ القرار الخاصة باستكشاف الاستخدام في الشكل 4.5 – يشيع بين فرق العمل المبتدئة في تطبيق الأسلوب الرشيق أن تستخدم الملاحم أو قصص المستخدم أو خرائط قصص المستخدم لاستكشاف متطلبات الاستخدام.

لنتعرف أكثر الآن على مخطط هدف استكشاف النطاق الموضح بالشكل 4.5. هو أحد أهداف العمليات التي يجب عليك التعامل معها في بداية دورة الحياة أثناء مرحلة نقطة الانطلاق (إن كنت تتبع دورة حياة تتضمن مرحلة نقطة الانطلاق، انظر الفصل السادس. بعض الأساليب الرشيقة سوف تنصحك ببساطة أن تبدأ بملء سجل أعمال المنتج ببعض قصص المستخدم، لكن مخطط الهدف يوضح أنك قد ترغب في أن تستخدم أسلوبًا أكثر تطورًا. ما مستوى التفاصيل الذي يجب عليك تناوله، إن وُجد؟ كيف ستستكشف الاستخدام المحتمل للنظام؟ أو متطلبات واجهة المستخدم؟ أو إجراء / إجراءات الأعمال التي يدعمها الحل البرمجي؟ الأساليب الافتراضية، أو بعبارة أدقّ "نقاط البدء المُقترحة"، تظهر بخطٍ مائلٍ داكن. لاحظ كيف نقترح أنك قد ترغب في تعيين الأساليب الافتراضية لتسجيل الاستخدام بطريقةٍ ما، ومفاهيم المجال الأساسية (مثلاً عن طريق مخطط مفاهيمي عالي المستوى) بطريقةٍ ما، والمتطلبات غير الوظيفية بطريقةٍ ما. توجد استراتيجيات مختلفة قد ترغب في النظر فيها للنمذجة – اختر تلك التي تبدو منطقية وملائمة للحالة التي بين يديك وليس غيرها. ويجب عليك أيضًا أن تبدأ في التفكير في أسلوب إدارة عملك – أسلوب بسيط لإعداد المواصفات من أجل تدوين بعض بطاقات الفهرسة وبعض الرسومات التخطيطية على لوحات العرض هو أحد الخيارات التي يمكنك التفكير فيها. في التسليم الرشيق المنظم، نوضح أن فرق الأسلوب الرشيق يقومون بأكثر من مجرد تنفيذ متطلباتٍ جديدة، ومن هنا أتت توصيتنا بتعيين بنود عملٍ أساسية بناءً على استراتيجية مبسّطة لمتطلبات سجل الأعمال (الخاص بالمنتج). قد تشمل بنود العمل متطلبات جديدة بحاجة إلى تنفيذ أو عيوب بحاجة إلى إصلاح أو ورش عمل تدريب أو استعراض عمل فرق أخرى أو غير ذلك. فكل هذه أشياء تحتاج إلى قياس حجمها وترتيب أولوياتها والتخطيط لها. وأخيرًا، يوضح مخطط الهدف أنه عند استكشاف النطاق المبدئي للجهد يجب تحديد المتطلبات غير الوظيفية – مثل الموثوقية والخصوصية والإتاحة والأداء ومتطلبات الأمان (وغيرها الكثير) – بطريقةٍ ما.

لكن هذا معقدٌ جدًا!

استراتيجيتنا في التسليم الرشيق المنظم هي الإقرار بوضوح بأن تطوير البرمجيات (وتكنولوجيا المعلومات والمؤسسات بشكلٍ عام) هي أمور معقدة بطبيعتها. لا يحاول الأسلوب الرشيق المنظم أن يختصر الأمر في مجرد تقديم القليل من "أفضل الممارسات". بدلاً من هذا، الأسلوب الرشيق المنظم يطرح بوضوح المشكلات التي تواجهها، والخيارات المتاحة أمامك، والموازنات التي تقوم بها، ويبسّط عملية اختيار الاستراتيجيات المناسبة التي تفي باحتياجاتك. يقدم الأسلوب الرشيق المنظم الدعم لمساعدتك في اتخاذ قرارات أفضل تتعلق بالعمليات.

نعم، يوجد العديد من أهداف العمليات (24 في الواقع) تظهر في الشكل 2.5. أيهم سوف تستبعد؟ لقد رأينا فرق عمل لا تتعامل مع المخاطر بأي طريقة، لكن هذا لم يخدمهم على الإطلاق. لقد رأينا فرق عمل تختار ألا تتطرق إلى هدف تحسين الجودة، ما أدى إلى زيادة الدين التقني لديهم. في الممارسة الفعلية، لا يمكنك أن تغفل أيًا من هذه الأهداف بأمان. وبالمثل، فكّر في مراحل اتخاذ القرار في الشكل 4.5. هل يمكنك إغفال أي منها؟ يُرجح أنه لا يمكنك هذا. نعم هو أمر شاق أن يوجد الكثير من الأمور التي يجب أخذها في الاعتبار للنجاح في تسليم الحلول البرمجية على المدى الطويل، وما سجلناه يبدو فقط الحد الأدنى المطلوب لتطوير الحلول البرمجية على المستوى المؤسسي.

الانتقال إلى التفاصيل: المراجع وجداول الخيارات

المستوى التالي من التفاصيل هو جداول الخيارات، والتي يظهر مثالٌ عليها في الشكل 5.5 الذي يعرض مرحلة اتخاذ القرار الخاصة بمتطلبات استكشاف الجودة لهدف استكشاف النطاق. كل جدول يُدرج الخيارات، وهي ممارسات أو استراتيجيات، والموازنات المتعلقة بكل منها. الهدف هو وضع كل خيار في سياقه وتوجيهك، حيثما لزم الأمر، إلى تفاصيل أكثر عن الأسلوب.

في الشكل 6.5، يمكنك أن ترى كيف تُوجّه إلى مزيد من المعلومات بواسطة روابط أسفل القوائم المنسدلة للموارد الإضافية. في هذه الحالة، يمكنك أن ترى روابط وثيقة الصلة بخيار معايير القبول. توجهك هذه الروابط إلى مقالات ومنشورات في مدونات وكتب وفرص تدريب ذات صلة. فلسفة الأسلوب الرشيق المنظم هي تقديم معلومات سياقية كافية لتحديد ما إذا كان الخيار يصلح لك أم لا، وتوجيهك إلى موارد عظيمة إن كنت ترغب في معرفة المزيد.

كيفية تطبيق أهداف العمليات في الممارسة الفعلية

ممارسو الأسلوب الرشيق المنظم يمكنهم التعامل مع الأهداف بعدة سيناريوهات شائعة:

- **تحديد استراتيجيات محتملة لتجريبها** لقد بينّا في الفصل الأول مفهوم التحسين الموجّه للعمليات، حيث يستخدم فريق العمل التسليم الرشيق المنظم كمرجع لتحديد الأساليب التي يمكن تجربتها. نتيجةً لأن التسليم الرشيق المنظم يضع الخيارات في سياقها، كما رأيت في الشكل 5.5، تزيد فرصتك في تحديد الأسلوب التي سوف تنجح في بيئتك.
- **تحسين التقييم بأثر رجعي** تقدم مخططات الأهداف والجداول الداعمة مجموعة من الخيارات المحتملة التي يمكنك اختيارها لتجربتها للتعامل مع التحديات التي يواجهها الفريق.

معايير القبول
قائمة ظاهرة
القصص التقنية
التعرف على متطلبات الجودة
الخيارات (مرتبة)
المبادلات
معايير القبول. الأسلوب المتمحور حول الجودة الذي يتناول الجوانب المفصلة للمتطلبات عالية المستوى من وجهة نظر الأشخاص المعنيين.
• تدفع فرق العمل إلى التفكير في المتطلبات المفصلة.
• تتسق جيدًا مع أسلوب التطوير القائم على السلوك (BDD) أو تطوير القبول القائم على الاختبار (ATDD).
• العديد من متطلبات الجودة هي جوانب تتقاطع مع العديد من القصص الوظيفية. لذا فإن الاعتماد على معايير القبول وحدها يعرضك لخطر فقد بعض التفاصيل خاصةً في المتطلبات الجديدة التي يتم تحديدها لاحقًا في دورة الحياة.
قائمة ظاهرة. تمكننا من تسجيل متطلبات الجودة "بطريقة قابلة لإعادة الاستخدام" تتقاطع مع المتطلبات الوظيفية.
• عدم ربط متطلبات الجودة لمتطلبات وظيفية معينة يتيح خيار استخدام "مهلات زمنية" لإثبات التقنية، بدلاً من الانتظار لقصة مرتبطة.
• تتطلب آلية، مثل معايير القبول، لضمان تنفيذ متطلبات الجودة عبر المتطلبات الوظيفية المناسبة.
القصص التقنية. استراتيجية بسيطة لتسجيل متطلبات الجودة والتي تشبه القائمة الظاهرة.
• تنجح عندما تكون متطلبات الجودة مباشرة وشاملة.
• لا تناسب متطلبات الجودة التي تتقاطع مع الكثير من المتطلبات الوظيفية لأننا لا نستطيع تناول متطلبات الجودة في وقتٍ قصير.

الشكل 5.5 استكشاف متطلبات الجودة (صورة شاشة لمتصفح الأسلوب الرشيق المنظم).

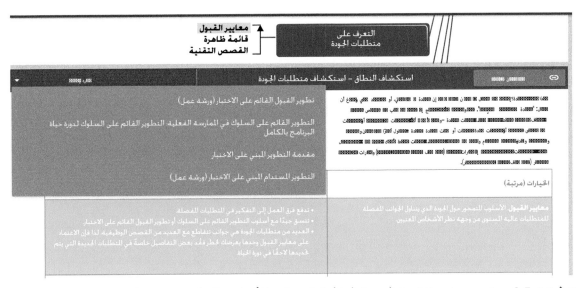

معايير القبول
قائمة ظاهرة
القصص التقنية
التعرف على متطلبات الجودة
تطوير القبول القائم على الاختبار (ورشة عمل)
التطوير القائم على السلوك في الممارسة الفعلية: التطوير القائم على السلوك لدورة حياة البرنامج بالكامل
مقدمة التطوير المبني على الاختبار
التطوير المستدام المبني على الاختبار (ورشة عمل)
الخيارات (مرتبة)
معايير القبول. الأسلوب المتمحور حول الجودة الذي يتناول الجوانب المفصلة للمتطلبات عالية المستوى من وجهة نظر الأشخاص المعنيين.
• تدفع فرق العمل إلى التفكير في المتطلبات المفصلة.
• تتسق جيدًا مع أسلوب التطوير القائم على السلوك أو تطوير القبول القائم على الاختبار.
• العديد من متطلبات الجودة هي جوانب تتقاطع مع العديد من القصص الوظيفية. لذا فإن الاعتماد على معايير القبول وحدها يعرضك لخطر فقد بعض التفاصيل خاصةً في المتطلبات الجديدة التي يتم تحديدها لاحقًا في دورة الحياة.

الشكل 6.5 مراجع معايير القبول (صورة شاشة لمتصفح الأسلوب الرشيق المنظم).

- **قوائم المراجعة** غالبًا تُستخدم مخططات الأهداف من قِبل فرق عمل ذات خبرة لتذكيرهم بالأساليب المحتملة التي يمكنهم تطبيقها في الحالة التي بين أيديهم.
- **ورش عمل لتصميم العمليات** كما أوردنا في الفصل الأول، تُستخدم ورش عمل تصميم طرق العمل غالبًا من قِبل فرق العمل الجديدة لتحديد كيفية عملهم معًا أو التفاوض بشأنها. تثبت أهداف العمليات غالبًا أنها موارد رائعة تساعد في تركيز ورش العمل تلك، وإحدى الطرق السهلة لاستخدامها هي أن تطبعها وتعلقها على الحائط ثم العمل بناءً عليها كفريق.
- **نموذج النضج**[1] مراحل اتخاذ القرار المرتبة تقدِم بفاعلية نموذج نضج مركّز حول مرحلةٍ معينةٍ من مراحل اتخاذ القرار. والأهم من هذا هو أن مراحل اتخاذ القرار المرتبة تعمل بفاعلية كمتجهات تشير إلى مسار تحسين محتمل يمكن لفريق العمل اتباعه. يشبه هذا استراتيجية النموذج المستمر الخاصة بتكامل نموذج نضج القدرات [CMMI].
- **إجراء مناقشات مثمرة عن خيارات العمليات** أحد الجوانب المثيرة لأهداف العمليات هو أن بعض الخيارات التي تقدمها هذه الأهداف ليست فعالة بما يكفي في الممارسة الفعلية. ماذا؟! قد تجد فرق عمل يتبعون تقنيةً ما لأنهم يعتقدون أنها أفضل الاستراتيجيات المتاحة، ربما أخبروا أنها "أفضل الممارسات" وربما هي أفضل الاستراتيجيات التي يعرفونها وربما كانت أفضل ما يمكنهم فعله في الوقت الراهن وربما هي الاستراتيجية التي تفرضها المنهجية التي يتبنّونها ولم يفكروا قط في النظر إلى أبعد منها. بغض النظر، هذه الاستراتيجية بالإضافة إلى خيارات أخرى صالحة مُقدّمة لهم الآن، مع وصفٍ واضحٍ للموازنات الخاصة بكلٍ منها. هذا يحسّن من إمكانية مقارنة الاستراتيجيات ومقابلتها واختيار استراتيجية محتملة جديدة لتجربتها.

ملخص

يصف هذا الكتاب كيفية اختيار طريقة العمل، وكيف يمكن لفريقك التحكم بحق في عملياته. الطريقة الوحيدة التي تتيح لك التحكم في عملياتك هي أن تعرف ما هو المتاح لك. تساعد أهداف العمليات في توضيح خيارات العمليات والموازنات المتعلقة بها. في هذا الفصل، تعرفنا على العديد من المفاهيم الرئيسية:

- بالرغم من أن كل فريق يعمل بطريقةٍ متفردة، لا تزال جميع الفرق بحاجة إلى التعامل مع نفس أهداف العمليات (مخرجات العمليات).
- توجهك أهداف العمليات إلى ما تحتاج ان تفكر فيه وخياراتك المحتملة؛ إنها لا تفرض عليك ما تفعله.
- تقدم لك أهداف العمليات مجموعة من الخيارات والموازنات الخاصة بكل منها.
- افعل ما بوسعك في الحالة التي بين يديك واجتهد للتعلم والتحسن بمرور الزمن.
- إن بدت أهداف العمليات معقدة جدًا في البداية، اسأل نفسك عما يمكنك استبعاده.

[1] في الأسلوب الرشيق المنظم، نحن لا نخشى استخدام "الكلمات المحظورة في الأسلوب الرشيق" مثل الإدارة والحوكمة والمرحلة ونعم حتى "نموذج النضج".

الفصل السادس
اختيار دورة الحياة المناسبة

"اجعل اختياراتك تعكس آمالك وليس مخاوفك". - نيلسون مانديلا

النقاط الرئيسية في هذا الفصل

- بعض فرق العمل في مؤسستك سوف تتبع دورة حياة تسلسلية - يُقر التسليم الرشيق المنظم بهذا بوضوح لكنه لا يدعم هذه الفئة المنكمشة من العمل.
- يقدم التسليم الرشيق المنظم الدعم المطلوب للاختيار بين - ومن ثَم تطوير - ست دورات حياة لتسليم الحلول البرمجية (SDLCs) بناءً على استراتيجيات رشيقة أو خالية من الهدر.
- دورات الحياة القائمة على المشروع، حتى الرشيق والخالي من الهدر منها، تمر بمراحل.
- لكل دورة حياة ميزاتها وعيوبها؛ وكل فريق يحتاج إلى اختيار دورة الحياة التي تعكس السياق على أفضل نحو.
- المعالم المشتركة الخفيفة القائمة على المخاطر تتيح الحوكمة المتسقة - حيث لا تحتاج إلى فرض نفس طريقة العمل على جميع الفرق لديك لتتمكن من حوكمتهم.
- سوف يبدأ الفريق بإحدى دورات الحياة ثم غالبًا يتطوّر بعيدًا عنها حيث يحسن طريقة عمله بصورةٍ مستمرة.

إننا نمتلك ميزة العمل مع المؤسسات في جميع أنحاء العالم. عندما نبدأ في العمل مع مؤسسةٍ ما، غالبًا لتدريبهم على كيفية تحسين طريقة عملهم (WoW)، يتعين علينا ملاحظة ما يجري بالفعل داخل تلك المؤسسات. من الأمور التي نراها بصورةٍ متكررة، في جميع المؤسسات تقريبًا ما عدا الشركات متناهية الصغر، هو أنهم يطبقون عدة دورات حياة للتسليم عبر فرق العمل لديه. بعض هذه الفرق سوف تتبع دورة حياة مشروعات رشيقة مبنية على أسلوب إسكرام، بينما تتبنّى فرق أخرى دورة حياة خالية من الهدر مبنية على أسلوب كانبان. فرق العمل الأكثر تطورًا، خاصةً تلك التي تتقدم نحو عقلية التطوير والعمليات، تتبنّى أسلوب التسليم المستمر [Kim]. قد يعمل البعض على فكرة تجارية جديدة كليًا ويتبعون أسلوبًا تجريبيًا قائمًا على "النموذج الخالي من الهدر للشركات الناشئة". وبعض فرق العمل قد لا تزال تتبع دورة حياة تقليدية أكثر. السبب وراء هذا، كما فصّلنا في الفصل الثاني، هو أن كل فريق متفرد ويتعامل مع حالة متفردة. تحتاج فرق العمل إلى طريقة عمل تعكس السياق الذي يواجهونه، وأحد الأمور المهمة في اختيار طريقة عمل فعالة هو اختيار دورة حياة تلائم الحالة المعنية على أفضل نحو. يمكن يقدم دعم التسليم الرشيق المنظم خيارات دورة الحياة لفرق التسليم، كما يتيح الحوكمة المتسقة عبر فرق العمل [LifeCycles].

درس سريع من التاريخ: دورة الحياة التسلسلية

أولاً وقبل كل شيء، لا يدعم التسليم الرشيق المنظم دورة الحياة التقليدية حاليًا. هناك العديد من الأنماط في دورة الحياة التسلسلية، التي تُسمى أحيانًا دورة الحياة التقليدية، أو دورة الحياة الشلالية، أو حتى دورة الحياة التنبؤية. يصف الشكل 1.6 ما يُعرف بنموذج في (V). الفكرة الأساسية هي أن يعمل الفريق عبر مراحل وظيفية، مثل المتطلبات والهيكلة وما إلى ذلك. في نهاية كل مرحلة، غالبًا يوجد "بوابة الجودة وهي معلم أساسي يميل إلى التركيز على مراجعة التوثيق. يُجرى الاختبار قرب نهاية دورة الحياة، وتكون كل مرحلة اختبار - على الأقل في نموذج في (V) - مقابلة لمرحلة إنشاء الوثائق الإدارية التي تتم في وقتٍ أبكر أثناء دورة الحياة. تبني دورة حياة نموذج في (V) على نظريات الستينيات والسبعينيات من القرن الماضي التي نشأت حول كيفية تطوير البرمجيات. لاحظ أن بعض المؤسسات في أوائل التسعينيات من القرن الماضي والعقد الأول من القرن الحالي أخطأوا بتمثيلهم العمليات المنطقية الموحدة (RUP) على أنها عمليات ثقيلة، لذا يعتقد بعض الممارسين أنها عمليات تقليدية أيضًا. لكن هذا غير صحيح، فالعمليات المنطقية الموحدة تكرارية وتدريجية، لكن كانت غالبًا تُطبق بطريقة خاطئة بواسطة أشخاص لم يستطيعوا التخلص من العقلية التقليدية.

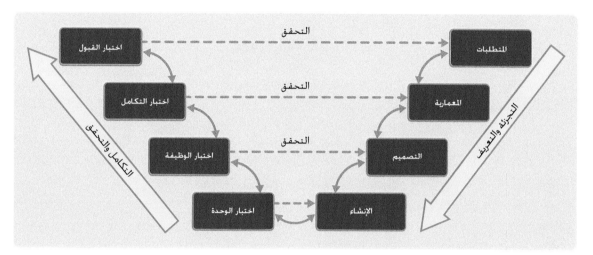

الشكل 1.6 نموذج في (V) لدورة حياة تطوير برمجيات

إن لم يكن الأسلوب التسلسلي متضمَّنًا بصراحة حاليًا في التسليم الرشيق المنظم، فلماذا نتحدث عنه الآن؟ هذا لأن بعض فرق العمل تتبع حاليًا أسلوبًا تسلسليًا وتحتاج إلى المساعدة في الاستغناء عنه. الأسوأ من هذا هو أن الكثير من الناس يظن أن الاستراتيجيات التقليدية قابلة للتطبيق في نطاقٍ واسعٍ من الحالات. هذا صحيح من ناحيةٍ واحدة، لكن ما لا يفهمه هؤلاء الأشخاص هو أن الاستراتيجيات الرشيقة / الخالية من الهدر أثبتت أنها أفضل بكثير في الممارسة الفعلية في أغلب تلك الحالات. لكن كما ستعرف لاحقًا في هذا الفصل، يوجد فقط القليل من الحالات التي قد يصلح فيها تطبيق الاستراتيجيات التقليدية. فقط القليل.

درس من تاريخ الأسلوب الرشيق

تم ابتكار المصطلح "التكرار 0" لأول مرة بواسطة جيم هايسميث، أحد مبتكري بيان الأسلوب الرشيق، في كتابه **النظم البيئية لتطوير البرمجيات بالأسلوب الرشيق** (Agile Software Development Ecosystems) عام 2002 [Highsmith]. ثم جرى تبنّيه بعد ذلك وإعادة تسميته " انطلاقة 0" بواسطة مجتمع إسكرام.

عقلية المشروع تؤدي إلى المراحل الرشيقة، وهذا مقبول

الكثير من المؤسسات تختار تمويل تسليم الحلول البرمجية على أساس المشروع. قد تكون هذه المشروعات محددة على أساس الوقت، أي أن لها تواريخ محددة للبدء والانتهاء، وقد تكون محددة على أساس النطاق، أي أنها تنتهي بتسليم برنامج وظيفي محدد أو مجموعة محددة من المخرجات، أو قد تكون محددة على أساس التكلفة، أي أنها محددة بالميزانية المتاحة. بعض المشروعات تخضع لأكثر من واحد من هذه القيود، لكن كلما زادت الضغوط على فريق التسليم، زادت احتمالية فشل المشروع. يوضح الشكل 2.6 رؤية عالية المستوى لدورة حياة تسليم المشروعات، وهي من ثلاث مراحل كما ترى:

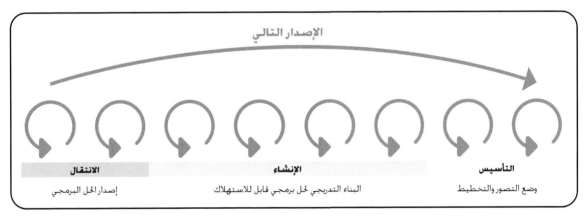

الشكل 2.6 دورة حياة المشروع الرشيقة (المستوى العالي)

1. **التأسيس.** أحيانًا يسمى التأسيس "انطلاقة 0" أو "التكرار 0" أو بدء التشغيل أو الافتتاح. الفكرة الأساسية هي أن الفريق يؤدي فقط ما يكفي من العمل من أجل تحقيق التنظيم والتوجيه نحو الاتجاه الصحيح. سوف يبدأ الفريق بتكوين نفسه واستثمار بعض الوقت في المتطلبات المبدئية واستكشاف الهيكلة والتخطيط المبدئي والاتساق مع بقية المؤسسة وبالطبع تأمين التمويل لبقية المشروع. يجب أن تبقى هذه المرحلة أبسط ما يمكن وأقصر ما يمكن مع الاتفاق على كيفية إنجاز الفريق للمخرجات المطلوبة من قِبل الأشخاص المعنيين. فريق التسليم الرشيق / الخالي من الهدر المتوسط يستغرق 11 يوم عمل، أي أطول قليلاً من أسبوعين، في أنشطة مرحلة التأسيس [SoftDev18].
2. **الإنشاء.** الهدف من مرحلة الإنشاء هو إنتاج حلٍ برمجيٍ قابل للاستهلاك بقيمة كافية للعميل، وهو ما يُعرف بالحد الأدنى لزيادة الأعمال، حتى يكون الحل البرمجيّ ذا قيمة للأشخاص المعنيين. سوف يعمل الفريق عن قرب مع الأشخاص المعنيين لفهم احتياجاتهم وبناء حلٍ برمجيٍ عالي الجودة لهم والحصول على آرائهم التعقيبية بصورةٍ منتظمةٍ ثم العمل بموجب هذه الآراء. الأمر وما فيه هو أن الفريق سوف يُجري أنشطة التحليل والتصميم والبرمجة والاختبار والإدارة ربما كل يوم. سوف نذكر المزيد عن هذا لاحقًا.
3. **الانتقال.** أحيانًا يُشار إلى مرحلة الانتقال باسم "انطلاقة الإطلاق" أو "انطلاقة النشر"، وإن كان الفريق يصارع من أجل الجودة قد تُسمى "مرحلة التقوية". الهدف من مرحلة الانتقال هو النجاح في إصدار الحل البرمجي للإنتاج. يشمل هذا أن تضمن ما إذا كنت جاهزًا لنشر الحل البرمجي ثم تقوم بنشره فعلاً. يستغرق فريق التسليم الرشيق / الخالي من الهدر 6 أيام عمل في أنشطة الانتقال، لكن إن استبعدنا فرق العمل التي تُجري الاختبار والنشر آليًا (وهو ما لن نفعله)، يستغرق الأمر في المتوسط 8.5 يوم عمل [SoftDev18]. بالإضافة إلى ذلك، فإن 26% من فرق العمل تُجري اختبارات الانحدار وأيضًا النشر آليًا و63% تنتهي من مرحلة الانتقال في يومٍ واحدٍ أو أقل.

على الرغم من أن المعتقدين في الأسلوب الرشيق سيمتعضون من مفهوم المراحل، وسوف يقومون غالبًا بأداء العمل في قفزات كبيرة، كأن يسموا التأسيس "انطلاقة 0" والانتقال "انطلاقة الإصدار"، فالحقيقة هي أن فرق المشاريع الرشيقة تعمل بنظامٍ تسلسلي على مستوى عالٍ. تحتاج فرق العمل إلى استثمار بعض الوقت في البداية لتوجيه نفسها إلى الطريق الصحيح (التأسيس / انطلاقة 0) كما يحتاجون إلى بعض الوقت لإنتاج الحل البرمجي (الإنشاء) وبعض الوقت كذلك لنشر الحل البرمجي (الانتقال / انطلاقة الإصدار). يحدث هذا في الممارسة الفعلية، ومن السهل جدًا ملاحظته إن أردت. الأمر المهم هو أن تعمل على تنسيق جهود التأسيس والانتقال قدر الإمكان، والإنشاء كذلك، لهذا الأمر.

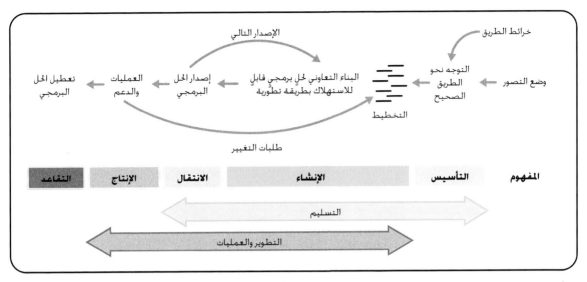

الشكل 3.6 دورة حياة النظام / الحل البرمجي / المنتج (المستوى العالي).

يوجد ما هو أكثر في تقنية المعلومات، ومؤسستك بشكلٍ عام، من مجرد تسليم الحلول البرمجية. على سبيل المثال، ربما تتضمن مؤسستك العديد من الجوانب المؤسسية المهمة مثل إدارة البيانات، والمعمارية المؤسسية، والعمليات، وإدارة المحافظ، والتسويق، وإدارة الموردين، والمالية، وغيرها. تبدأ دورة الحياة الكاملة للنظام / المنتج من المفهوم المبدئي عن الحل البرمجي، ومرورًا بالتسليم، ثم العمليات والدعم، وغالبًا توجد العديد من الجولات عبر دورة حياة التسليم. يوضح الشكل 3.6 دورة حياة النظام، ويبين كيف أن دورة حياة التسليم ودورة حياة التطوير والعمليات لهذا الأمر تعتبران جزءًا منها. بالرغم من أن الشكل 3.6 يضيف المفهوم (صياغة الأفكار)، والإنتاج، ومراحل التوقف، فإن التسليم الرشيق المنظم وهذا الكتاب يركزان على التسليم. كما تعلمنا في الفصل الأول، فالأسلوب الرشيق المنظم يتضمن استراتيجيات تشمل التسليم الرشيق المنظم، وأسلوب التطوير والعمليات المنظم، ومسارات القيمة، ومؤسسة الأسلوب الرشيق (Agile) المنظم بشكلٍ عام [DALayers].

التحول إلى اليسار والتحول إلى اليمين والتسليم المستمر

بعض فرق العمل سوف تنتهج أسلوبًا قائمًا على المشروع، إلا أن هذا ليس اختيار جميع الفرق ونتوقع بمرور الوقت أن ينمو هذا الاتجاه. عندما يعمل الفريق معًا لفترةٍ طويلة، عادةً أطول من مدة مشروع واحد، نسمي هذا الفريق فريقًا مستقرًا أو طويل الأمد. عندما يُتاح لفريقٍ طويل الأمد أن يطوّر طريقة عمله، رأينا كيف يؤدي هذا إلى نتائج باهرةٍ لا تُصدّق! فقد أصبحت هذه الفرق قادرة على التسليم المستمر. يشيع مصطلح "التحول إلى اليسار" بين ممارسي الأسلوب الرشيق، حيث يشير إلى إجراء ممارسات الاختبار والجودة عبر دورة الحياة من أولها إلى آخرها. هذا جيد، لكن هناك ما هو أكثر في اتجاه "التحول". يلخص الشكل 4.6 العديد من الاتجاهات الهامة التي سوف تؤثر على طريقة تطوير الفريق لطريقة عمله.

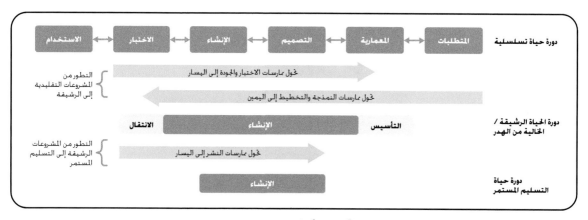

الشكل 4.6 كيف تتطور دورات الحياة عند تحويل الأنشطة إلى اليسار وإلى اليمين.

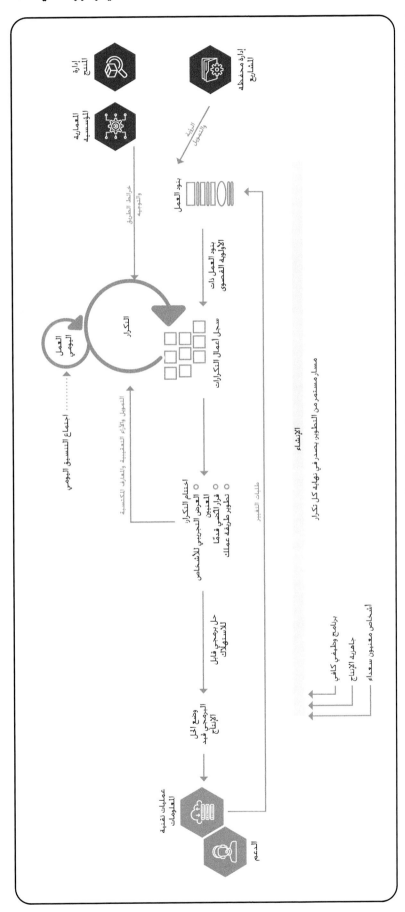

الشكل 7.6 التسليم المستمر في التسليم الرشيق المنظم: دورة الحياة الرشيقة (agile).

- **الانتقال أصبح نشاطًا لا مرحلة.** من خلال أتمتة الاختبار والنشر، تطورت مرحلة الانتقال من كونها جهدًا يستغرق عدة أيام أو أسابيع إلى نشاط آلي بالكامل يستغرق فقط دقائق أو ساعات.
- **معالم صريحة وتدفقات أعمال واردة.** توجد معالم شائعة قائمة على المخاطرة لدعم الحوكمة المتسقة. بعض المعالم لم تعد ملائمة، وخصوصا "رؤية الأشخاص المعنيين" و"الهيكلة المثبتة" كان ليتم ليتم تناولهما في السابق (بالرغم من أنه في حالة وقوع تغييرات كبرى، لا يوجد سبب يبرر عدم تناولك هذه المعالم مجددًا). تظهر أيضًا تدفقات العمل الواردة من أجزاءٍ أخرى في المؤسسة، كما هو الحال في دورات الحياة الرشيقة والخالية من الهدر.

دورة الحياة الخالية من الهدر في التسليم الرشيق المنظم

دورة الحياة الخالية من الهدر في التسليم الرشيق المنظم، التي تظهر في الشكل 8.6، تعزز مبادئ الأسلوب الخالي من الهدر، مثل تقليل العمل الجاري إلى الحد الأدنى، وزيادة التدفق إلى الحد الأقصى، والتنسيق المستمر للعمل (بدلاً من التكرارات الثابتة)، وتقليل مراحل الاختناق. غالبًا يتم تبنّي دورة الحياة الموجهة للمشروع بواسطة فرق العمل المبتدئة في الأسلوب الرشيق / الخالي من الهدر التي تواجه تغيرات سريعة في احتياجات الأشخاص المعنيين، وهي مشكلة شائعة بين فرق العمل التي تُطور (وتعمل على استدامة) حل برمجي قديم موجود، وبين الفرق التقليدية كذلك التي لا ترغب في المخاطرة باضطراب الثقافة وطريقة العمل الذي تنتج عادةً عن تبنّي الأسلوب الرشيق (على الأقل ليس على الفور). توجد العديد من النواحي الجوهرية في دورة الحياة هذه:

- **تتناول الفرق بنود العمل كلاً على حدة.** من الفروق الجوهرية بين دورات الحياة الخالية من الهدر والرشيقة هو غياب التكرارات. يتم سحب مهام العمل الجديدة من قائمة بنود العمل، كل بندٍ على حدة، حسب قدرة الفريق، بعكس الأسلوب القائم على التكرارات حيث يتم سحب مهام العمل وإسنادها إلى الفريق في صورة دفعاتٍ صغيرة.
- **يتم تحديد أولويات بنود العمل في الوقت المناسب (JIT).** يتم حفظ بنود العمل في قائمة خيارات صغيرة، غالبًا مرتبة في فئات حسب الترتيب الزمني للأولويات - بعض بنود العمل تُحدد أولوياتها حسب القيمة (ودرجة المخاطرة، نأمل هذا) أو تاريخ تسليم معين، وبعضها يجب أن يُعجل (ينطبق هذا غالبًا على مشكلة إنتاج من الدرجة الأولى أو طلب من شخصٍ معني مهم)، وبعض بنود العمل غير ملموسة (مثل الحد من دَين تقني أو الحصول على تدريب). يتم ترتيب الأولويات بفاعلية على أساس أسلوب "في الوقت المناسب" باختيار فريق العمل أهم بنود العمل في الوقت الذي يسحبونها فيه ليقوموا بالعمل عليها.
- **تُجرى الممارسات متى دعت الحاجة وحسب المطلوب.** كما في ترتيب أولويات العمل، بعض الممارسات الأخرى، مثل التخطيط وتقديم العروض التجريبية وتجديد قائمة بنود العمل وعقد اجتماعات التنسيق واتخاذ قرارات المُضي قدمًا والنمذجة المستقبلية وغيرها الكثير، تتم في الوقت المناسب. غالبًا ما يشتمل هذا على التخلص من بعض النفقات العامة التي تتعرض لها فرق العمل مع دورة الحياة الرشيقة، لكنه يتطلب مزيدًا من التنظيم لنقرر متى نُجري أيًا من هذه الممارسات المتنوعة.

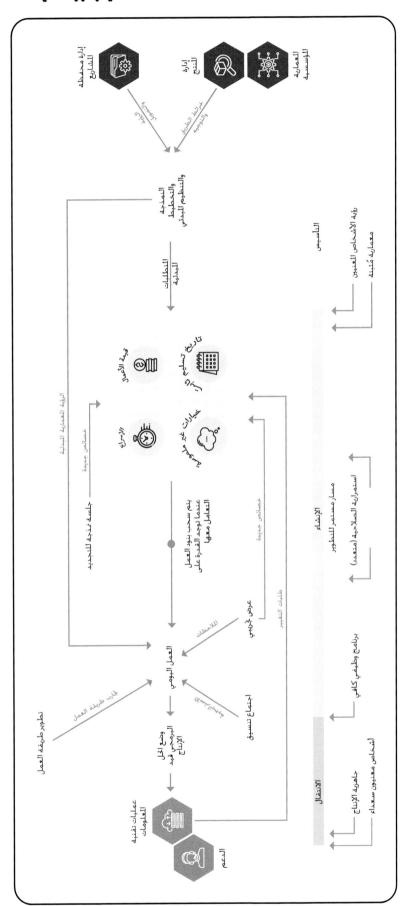

الشكل 8.6 دورة الحياة الخالية من الهدر في التسليم الرشيق المنظم.

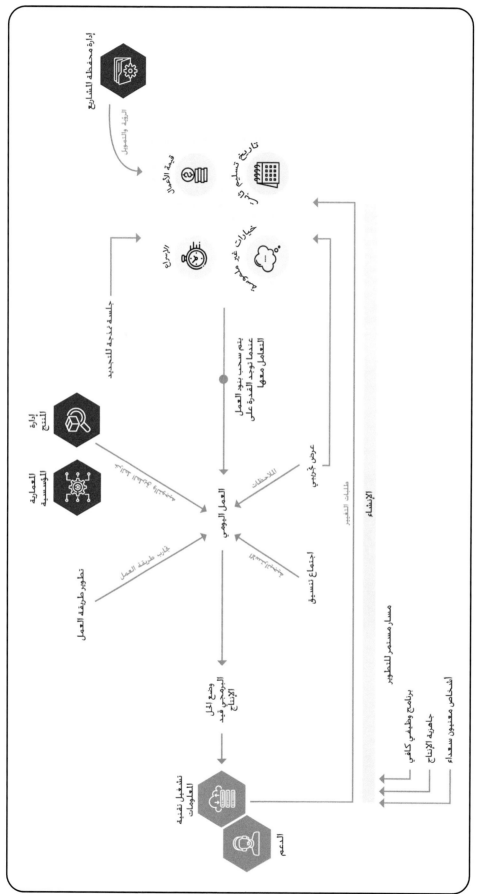

الشكل 9.6 التسليم المستمر في التسليم الرشيق المنظم: دورة الحياة الخالية من الهدر.

تؤدي النتائج إلى استكشافٍ مستمر

أحد الأمور المثيرة للاهتمام التي لاحظناها هو أنه عند تناول بنود العمل بوصفها مُخرجات بدلاً من متطلبات، مثل قصص المستخدم، تميل دورة الحياة هذه إلى التحول إلى الاستكشاف المستمر لاحتياجات الأشخاص المعنيين بدلاً من التسلّم المستمر للطلبات كما في الاستراتيجيات القائمة على المتطلبات.

- **تدير الفرق تدفق العمل بفاعلية.** فرق العمل التي تتبنى الأسلوب الخالي من الهدر تستخدم لوحة كانبان [Anderson] لإدارة عملهم. لوحة كانبان تعرض طريقة عمل الفريق عالية المستوى حسب الحالة، ويمثل كل عمود في اللوحة حالة العمل بعبارات مثل "بحاجة إلى متطوع" أو "قيد الاستكشاف" أو "في انتظار التطوير" أو "جاري البناء" أو "في انتظار الاختبار" أو "قيد الاختبار" أو "تم الإنجاز". تلك فقط أمثلة، فحيث تختار الفرق طريقة عملها، يطوّر كل فريق لوحة تعكس طريقة عمله. تُنفّذ لوحات كانبان غالبًا على لوحات عرض أو بواسطة برمجيات إدارة رشيقة. يتم عرض العمل في صورة بطاقات (تُلصق على لوحة العرض) حيث تمثل كل بطاقة بندًا من بنود العمل من قائمة الخيارات / سجل الأعمال أو مهمة فرعية تتبع أحد بنود العمل. كل عمود يتضمن حدًا للعمل الجاري، ويتمثل هذا بوضع حدٍ أقصى على عدد البطاقات التي تحمل هذه الحالة ("العمل الجاري"). بينما يؤدي الفريق عمله، يقومون بسحب البطاقات المقابلة لكل بند أو مهمة على لوحة كانبان الخاصة بهم من أجل تنسيق عملهم.
- **مراحل ومعالم صريحة وتدفقات أعمال واردة.** لا تزال توجد مرحلة تأسيس ومرحلة انتقال ومعالم قائمة على المخاطر لدعم الحوكمة المتسقة. تظهر أيضًا تدفقات العمل الواردة من أجزاءٍ أخرى في المؤسسة، كما هو الحال في دورة الحياة الرشيقة.

التسليم المستمر في التسليم الرشيق المنظم: دورة الحياة الخالية من الهدر

التسليم المستمر في التسليم الرشيق المنظم: دورة الحياة الخالية من الهدر، التي يوضحها الشكل 9.6، هي تطور طبيعي من دورة الحياة الخالية من الهدر. تتطور فرق العمل إلى تبنّي هذه الدورة إما من دورة الحياة الخالية من الهدر أو من التسليم المستمر: دورة الحياة الرشيقة (agile). توجد العديد من النواحي الجوهرية في دورة الحياة هذه:

- **تسليم البرامج الوظيفية الجديدة مستمر حقا.** يُسلم الفريق تغييرات في الإنتاج عدّة مرات في اليوم، إلا أن البرنامج الوظيفي قد لا يتم تشغيله إلا عند الحاجة (هذه استراتيجية تطوير وعمليات تُسمى "تبديل الخاصية").
- **الأتمتة والممارسات التقنية مهمة.** هذا الجانب يشبه التسليم المستمر: دورة الحياة الرشيقة (agile).
- **اختفت مرحلتا التأسيس والانتقال من المخطط.** حدث هذا لنفس الأسباب كما في التسليم المستمر: دورة الحياة الرشيقة (agile).
- **معالم صريحة وتدفقات أعمال واردة.** مرة أخرى، هذا الجانب يشبه التسليم الرشيق: دورة الحياة الرشيقة (agile).

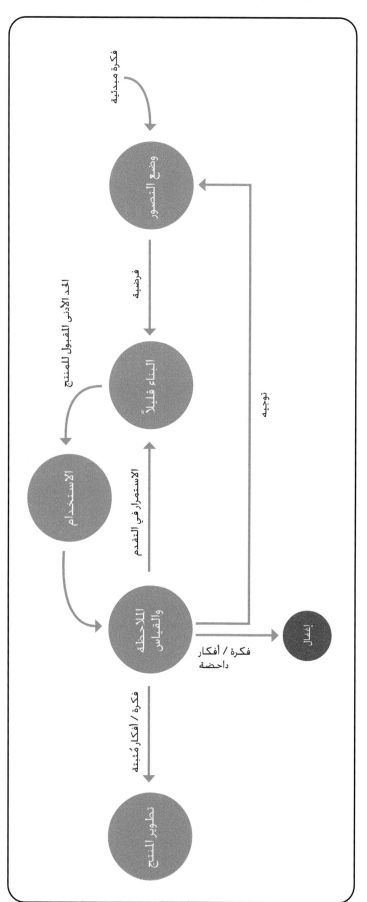

الشكل 10.6 دورة الحياة الاستكشافية في التسليم الرشيق المنظم.

دورة الحياة الاستكشافية في التسليم الرشيق المنظم

دورة الحياة الاستكشافية في التسليم الرشيق المنظم، التي تظهر في الشكل 10.6، قائمة على مبادئ الأسلوب الخالي من الهدر للشركات الناشئة، والتي يدعمها إيريك ريس. فلسفة الأسلوب الخالي من الهدر للشركات الناشئة هي تقليل الاستثمارات المقدمة لتطوير منتجات / خدمات جديدة (عروض) في السوق لصالح التجارب الصغيرة [Ries]. الفكرة هي إجراء بعض التجارب مع عملاء محتملين للتعرف على ما يحتاجون على أساس الاستخدام الفعلي، ما يزيد فرصة إنتاج شيءٍ هم مهتمّون به فعلاً. هذا الأسلوب القائم على إجراء تجارب مبنية على مواجهة العملاء لاستكشاف حاجاتهم يعتبر استراتيجية مهمة تابعة للتفكير التصميمي لاستكشاف "المشكلات المستعصية" في مجالك. توجد العديد من النواحي الجوهرية في دورة الحياة هذه:

- **هذا أسلوبٌ علميٌ مُبسّط.** نحن نتوصل إلى فرضية تعبّر عما يحتاجه العملاء، ثم نُطور منتجًا واحدًا أو أكثر بحدٍ أدنى مقبول يتم نشرهم بين مجموعة فرعية من العملاء المحتملين ثم نلاحظ كيف تنجح هذه المنتجات معهم ونقيس مستوى نجاحها. وبناءً على البيانات التي نجمعها، نُقرر كيف سنمضي قدمًا. هل نوجّه فرضيتنا ونعيد التفكير فيها؟ هل نعيد العمل في واحدٍ أو أكثر من الحد الأدنى المقبول للمنتج لإجراء تجارب جديدة بناءً على فهمنا الأفضل لاحتياجات العملاء؟ هل نستبعد فكرة أو أكثر؟ هل نمضي قدمًا مع فكرة أو أكثر ونحولهم إلى منتجات تصلح لأن تكون عروضًا حقيقية للعملاء؟
- **الحد الأدنى المقبول للمنتج هو استثمار لكسب المعرفة.** الحد الأدنى المقبول للمنتجات يتم إنشاؤه على عجَل، غالبًا يكون نموذجًا صوريًا أو نصًا برمجيًا مبدئيًا، ويكون الغرض الوحيد منه هو اختبار الفرضية. فهذا ليس "المنتج الحقيقي" ولا يُقصد أن يكون كذلك. هو فقط برنامج وظيفي أو خدمة نطرحها أمام العملاء المحتملين لنرى ردة فعلهم تجاهها. انظر الشكل 11.6 لنظرةٍ عامةٍ على الحد الأدنى المقبول للمنتج ومفاهيم متعلقة به.
- **إجراء عدّة تجارب بالتوازي.** في الوضع المثالي، تستلزم دورة الحياة إجراء عدة تجارب بالتوازي لاستكشاف الفرضية. هذا النهج تطوير للنموذج الخالي من الهدر للشركات الناشئة، وهو يركز على إجراء تجربة واحدة في كل مرة - وبالرغم من سهولة الاقتصار على تجربة واحدة في كل مرة، يستغرق هذا الأسلوب وقتًا أطول لإنتاج فكرةٍ جيدة، والأسوأ هو المخاطرة بتحديد استراتيجية قبل النظر في خياراتٍ أخرى.
- **التجارب الفاشلة هي في الحقيقة نجاحات.** تتردد بعض المؤسسات في إجراء تجارب لأنهم يخشون الفشل، وهذا مؤسفٌ لأن هذا الأسلوب الاستكشافي فعليًا يقلل من مخاطرة فشل المنتج نفسه (والذي يحدث غالبًا على نطاقٍ كبير وتكون تكلفته عالية ويُحرج الشركة). نصيحتنا هي أن نجعل "الفشل آمنًا". أن نعترف أنه عندما تأتي تجربةٌ بنتائج سلبية، فهذا يُعد نجاحًا حيث إنك قد تعلمت دون تكلفةٍ تُذكر أن هذا المنتج لن ينجح، ما يتيح لك فرصة التركيز من جديد لتبحث عمّا سوف ينجح.
- **اتبع دورة حياة أخرى لإنشاء المنتج الحقيقي.** بمجرد اكتشاف فكرة أو أكثر يبدو أنها سوف تنجح في السوق، فنحن عندئذٍ بحاجة إلى إنشاء "الحل البرمجي الحقيقي". نفعل هذا عن طريق اتباع واحدة من دورات الحياة الأخرى في التسليم الرشيق المنظم.

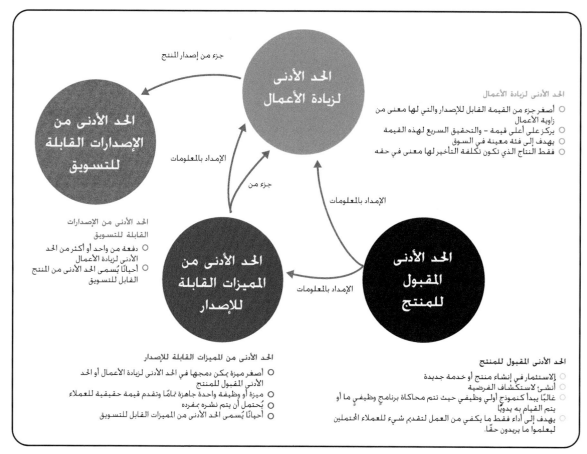

الشكل 11.6 استكشاف المصطلحات حول الحد الأدنى المقبول للمنتج.

لقد رأينا العديد من الأنماط المختلفة، أو ربما من الأفضل أن نعتبرها تصميمات مختلفة، عبر السنين:

1. **استكشاف عرض جديد.** السبب الأقوى، على الأقل بالنسبة لنا، هو تطبيق دورة الحياة هذه لاستكشاف فكرة تمتلكها مؤسستك لمنتج جديد.
2. **استكشاف خاصية جديدةً.** على نطاقٍ أصغر، دورة الحياة الاستكشافية تعد استراتيجيةً فعالةً لإجراء اختبار أ/ب أو اختبار التشغيل المنفصل حيث يتم تنفيذ نُسخ عديدة من الخاصية الجديدة وتشغيلها بالتوازي لتحديد أيهم أكثر فاعلية.

3. **تجارب متوازية لإثبات المفهوم (PoC).** مع تجربة إثبات المفهوم، تقوم بتثبيت ثم تقييم باقة، أحيانًا تُسمى حلاً جاهزًا للبيع على الرف (COTS)، في البيئة الخاصة بك. أحد الطرق الفعالة لتقليل مخاطرة حيازة البرمجيات هو إجراء عدة تجارب لإثبات المفهوم بالتوازي، واحدة لكل باقة برمجيات محتملة تُفكر فيها، ثم قارن النتائج لتحديد أفضل الخيارات المتاحة. يُشار إلى هذا عادةً باسم "المسابقة".
4. **مقارنات الاستراتيجية.** بعض المؤسسات، خاصةً تلك التي تعمل في بيئاتٍ تنافسية، سوف تُنشئ عدة فرق عمل في البداية للعمل على منتجٍ ما. كل فريق يعمل بشكلٍ أساسيٍ عبر مرحلة التأسيس، وربما حتى جزءٍ صغير من مرحلة الإنشاء، بهدف تحديد رؤية للمنتج وإثبات استراتيجيةِ الهيكلة. في هذه الحالة، يكون عملهم أكثر تقدمًا من الحد الأدنى المقبول للمنتج وأقل تقدمًا من الحد الأدنى لزيادة الأعمال. ثم بعد مدةٍ من الزمن، تتم مقارنة عمل الفرق واختيار الأسلوب الأفضل – الفريق الفائز هو الذي يمضي قدمًا ويصبح فريق المنتج.

دورة حياة البرنامج "الفريق مكون من عدّة فرق" في التسليم الرشيق المنظم

دورة حياة البرنامج في التسليم الرشيق المنظم، التي يظهرها الشكل 12.6، توضح كيفية تنظيم فريق مكون من عدة فرق. فرق الأسلوب الرشيق كبيرة الحجم نادرة في الممارسة الفعلية، لكنها موجودة. هذا بالضبط هو السياق الذي تتعامل معه أُطر القياس مثل الإطار الرشيق المتدرج (SAFe) وإسكرام واسعة النطاق (LeSS) ونيكسس (Nexus). توجد العديد من النواحي الجوهرية في دورة الحياة هذه:

- **توجد مرحلة تأسيس صريحة.** سواءً أردنا هذا أم لا. عندما يكون الفريق جديدًا، نحتاج إلى استثمار بعض الوقت مقدمًا من أجل التنظيم، وينطبق هذا بالتحديد على الفرق كبيرة الحجم بالنظر إلى المخاطر الإضافية التي نواجهها. ويجب أن نفعل هذا بأسرع وقتٍ ممكن، وأفضل طريقة هي التعرف بوضوح على ما نحتاج إلى فعله وكيف سنفعله.
- **تختار فرق العمل الفرعية / المجموعات طرق عملها ثم تُطوّرها.** الفرق الفرعية، التي يُشار إليها أحيانًا باسم "المجموعات"، يجب أن يُسمح لها باختيار طريقة عملها مثلها كمثل أي فريق عمل. يشمل هذا اختيار دورات الحياة والممارسات – علمًا بأن بعض الفرق قد تتبنّى دورة الحياة الرشيقة، وبعضها قد تتبنى التسليم المستمر: دورة الحياة الخالية من الهدر، وهكذا. قد نختار فرض بعض القيود على الفرق، مثل اتباع توجيهات واستراتيجيات مشتركة حول التنسيق في سياق البرنامج (وقد ورد هذا في هدف تنسيق الأنشطة). كما يوحي الشكل 13.6، نحتاج إلى الاتفاق بشأن كيفية المُضي في تكامل النظام والاختبار عبر الفرق (إن لزم الأمر)، ويتضمن كلٌ من هدف إسراع تسليم القيمة وهدف تطوير استراتيجية الاختبار خيارات لهذين الأمرين. بينما قد يفرض إطار مثل الإطار الرشيق المتدرج استراتيجية مثل قطار الإصدار لفعل هذا، يقدم التسليم الرشيق المنظم خيارات ويساعدك في اختيار الاستراتيجية المثلى للحالة التي بين يديك.

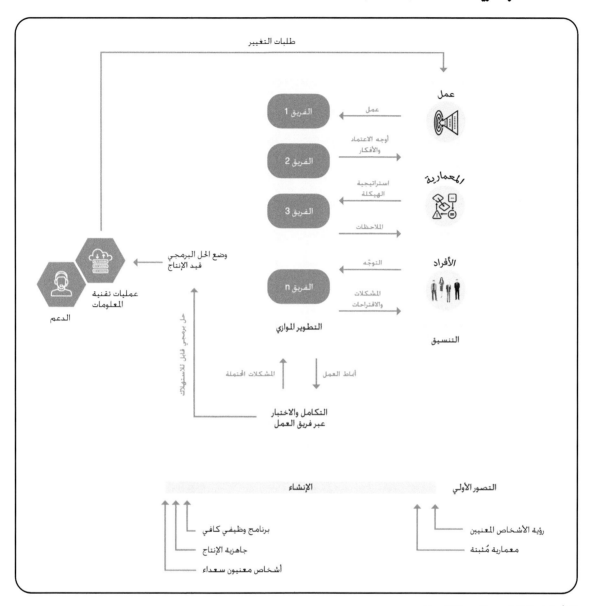

الشكل 12.6 دورة حياة البرنامج.

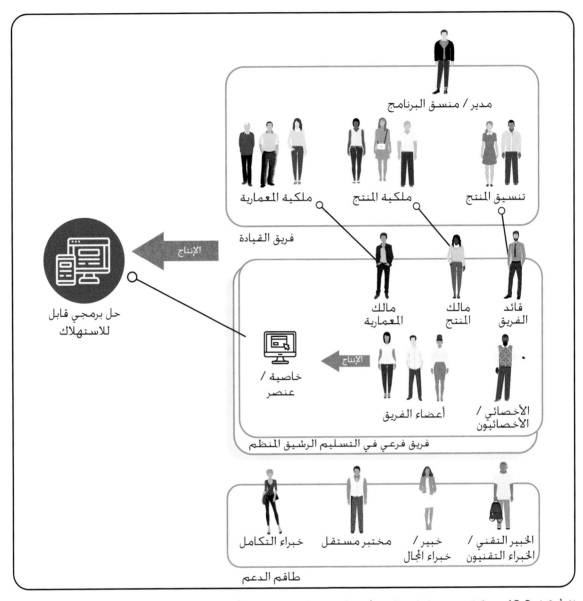

الشكل 13.6 هيكل محتمل لتنظيم فريق كبير مكون من عدة فرق.

- **الفرق الفرعية قد تكون فرقًا تعمل على الخصائص أو فرق تعمل على العناصر.** لسنوات في مجتمع الأسلوب الرشيق، كان ثمة خلاف حول فرق الخصائص وفرق العناصر. فرق الخصائص تعمل على شرائح رأسية للبرنامج الوظيفي، أي أنها تنفذ قصة أو تعالج طلب تغيير من واجهة المستخدم حتى تنتهي إلى قاعدة البيانات. بينما فرق العناصر تعمل على جانب محدد من النظام، مثل خاصية الأمن، او معالجة المعاملات، أو التسجيل. نرى من واقع خبرتنا أن كلاً من النوعين له مهمته، وهما قابلان للتطبيق في سياقاتٍ دون غيرها، وأنه يمكن – وغالبًا يحدث – دمج الاستراتيجيات في الممارسة الفعلية.
- **يُجرى التنسيق على ثلاثة مستويات.** عند التنسيق بين الفرق الفرعية، يجب أن نولي اهتمامًا خاصًا لثلاثة أمور: تنسيق العمل المُزمع أداؤه، تنسيق الأمور التقنية / الهيكلية، وتنسيق أمور الأفراد. في الشكل 13.6، يُجرى هذا التنسيق على الترتيب بواسطة مالكي المنتج، ومالكي المعمارية، وقائدي فرق العمل. يُعنى مالكو المنتج في كل فريقٍ فرعي بالتنظيم الذاتي وتناول الأمور المتعلقة بإدارة العمل / المتطلبات فيما بينهم، بما يضمن أداء كل فريق أن يؤدي العمل المطلوب منه في الوقت المناسب. وبالمثل، يُعنى فريق ملكية المعمارية بالتنظيم الذاتي من أجل تطوير الهيكلة عبر الزمن، ويُعنى قائدو فرق العمل بالتنظيم الذاتي من أجل إدارة شئون الأفراد عبر فرق العمل المختلفة. يمكن لفرق القيادة الفرعية الثلاثة تولي مسؤولية الإجراءات التصحيحية اليسيرة المعتادة عبر الزمن. قد يرى فريق العمل وجود حاجةٍ للتعاون من وقتٍ لآخر لتخطيط الجزء التالي من العمل – وهي تقنية يُشار إليها في الإطار الرشيق المُتدرج باسم "تخطيط تزايد البرنامج" وتقترح أن تُجرى على أساسٍ رُبع سنوي. ونحن نقترح أن تُجريها متى وُجد مبررٌ منطقيٌ لإجرائها.
- **يُجرى تكامل النظام والاختبار بالتوازي.** يبين الشكل 12.6 وجود فريق منفصل لإجراء تكامل النظام بشكلٍ عام والاختبار عبر فرق العمل. في الوضع المثالي، يجب أن يقل هذا العمل إلى الحد الأدنى وأن يُجرى آليًا بالكامل في الوقت المناسب. نحتاج كثيرًا إلى فريقٍ منفصلٍ في البداية، غالبًا بسبب غياب الأتمتة، لكن يجب أن يبقى هدفنا أتمتة عملنا قدر المستطاع ثم الدفع بباقي العمل إلى الفرق الفرعية. أما وقد قلنا هذا، فقد وجدنا أن اختبار قابلية الاستخدام عبر الحل البرمجي بالكامل – وبالمثل اختبار قبول المستخدم (UAT) – يتطلب جهدًا منفصلاً لأسبابٍ لوجستية.
- **الفرق الفرعية مكتملة قدر الإمكان.** يجب أن يتم أغلب جهد الاختبار داخل الفرق الفرعية كما كانت ستتم في فريق رشيق عادي، بالإضافة إلى التكامل المستمر (CI) والنشر المستمر (CD).
- **يمكننا النشر في أي وقتٍ نريد.** نفضل أسلوب النشر المستمر هنا، على الرغم من أن الفرق الجديدة في البرامج الرشيقة قد تبدأ بالإصدار ربع السنوي (أو حتى بمعدل أقل) ثم تحسن إيقاع الإصدار بمرور الوقت. الفرق الجديدة في هذا الأمر ربما تحتاج إلى مرحلة انتقال، والبعض يسميها " انطلاقة التقوية" أو " انطلاقة النشر" في المرات القليلة الأولى. هدف إسراع تسليم القيمة يتناول خيارات إصدار متنوعة لفرق التسليم، والمعالج الخاص بإدارة الإصدار [ReleaseManagement] يتناول خيارات للمستوى المؤسسي. يشمل معالج طريقة العمل مجموعة متجانسة من خيارات طريقة العمل، مثل الممارسات والاستراتيجيات، التي يجب اختيارها ثم تطبيقها بطريقةٍ حساسةٍ للسياق. كل معالج طريقة عمل يتناول قدرة محددة، مثل المالية، أو إدارة البيانات أو التسويق أو إدارة الموردين – تمامًا مثلما توصف أهداف طريقة العمل بواسطة مخططات الأهداف، كذلك توصف معالجات طريقة العمل.

- **التوسع صعب.** بعض المشكلات تتطلب فريقًا كبيرًا، لكن لتنجح يتعين عليك معرفة ما تفعل. إن كنت تكافح في تطبيق الأسلوب الرشيق في فرق عمل صغيرة، فأنت غير مستعد لتطبيقه في الفرق الكبيرة. علاوةً على ذلك، كما تعلمنا في الفصل الثالث، حجم الفريق هو واحد فقط من ستة عوامل قد يحتاج الفريق أن يتعامل معها، والعوامل الأخرى هي التوزيع الجغرافي وتعقيد المجال والتعقيد التقني والتوزيع المؤسسي والامتثال القانوني. نتناول هذه الأمور بتفصيلٍ أكثر على الموقع الإلكتروني: PMI.org/disciplined-agile/agility-at-scale.

متى يجب عليك تبنّي كل من دورات الحياة تلك؟

يجب على كل فريق اختيار دورة الحياة الخاصة بهم، لكن كيف ذلك؟ من المغري أن نجعل فريق إدارة المحفظة يقوم بهذا الاختيار - على الأقل هو من أجلهم. في أفضل الأحوال، يجب عليهم تقديم اقتراح (نأمل أن يكون قويًا) عند البدء في المحاولة، لكن في النهاية يجب اختيار دورة الحياة بواسطة فريق العمل إن كنت تريد الفاعلية. قد يكون هذا اختيارًا مليئًا بالتحدي، خاصةً لفرق العمل الجديدة في تطبيق الأسلوب الرشيق والخالي من الهدر. أحد الأجزاء المهمة في دعم اتخاذ القرار التي يقدمها التسليم الرشيق المنظم هو نصيحة لاختيار دورة الحياة، بما في ذلك خارطة التدفق بالشكل 14.6.

بالطبع يوجد في الأمر أكثر من خارطة التدفق هذه. يستعرض الشكل 15.6 ما وجدنا أنها عوامل مهمة - من "إطار العمل المبني على الحالة والسياق" - يجب أخذها في الاعتبار عند اختيار دورة حياة. تتضمن العوامل المُقيِّدة التي نأخذها في الاعتبار عند اختيار دورة حياة التسليم ما يلي:

1. **مهارات الفريق.** دورتا حياة التسليم المستمر (CD) تتطلبان من الفريق الكثير من المهارة والتنظيم. دورات الحياة الأخرى في التسليم الرشيق المنظم تتطلب المهارة والتنظيم كذلك، إلا أن دورتي حياة التسليم المستمر تبرزان هنا. مع دورة الحياة التسلسلية، يمكنك أن تنجو مع أفراد قليلي المهارة - ونتيجة لطبيعة دورة الحياة التسلسلية القائمة على الانتقال والتسليم، يمكنك أداء كل مرحلة بواسطة أخصائيين ذوي مهارات في مجالات تخصصهم فقط. مع هذا، فقد رأينا الكثير من الفرق التقليدية التي تمتلك أفرادًا ذوي مهارات فائقة.
2. **ثقافة التنظيم والعمل في فريق.** تتطلب دورات الحياة الرشيقة والتسليم المستمر مرونة داخل الفريق ومع الدوائر الأخرى في المؤسسة التي يتفاعل الفريق معها. يمكن تطبيق الاستراتيجيات الخالية من الهدر في المؤسسات بنطاقٍ متنوّعٍ من المرونة. يمكن تطبيق دورة الحياة التسلسلية في مواقف صارمة جدًا، وهذا ما يحدث غالبًا.

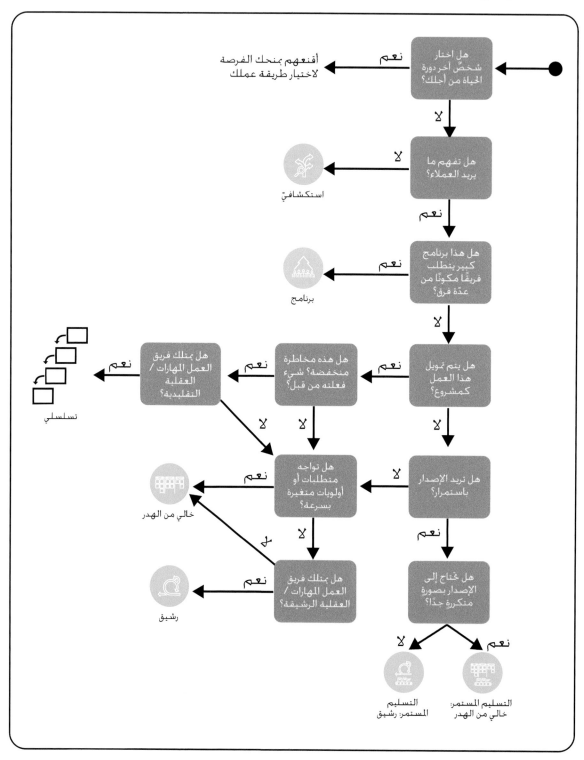

الشكل 14.6 خارطة تدفق لاختيار دورة حياة مبدئية.

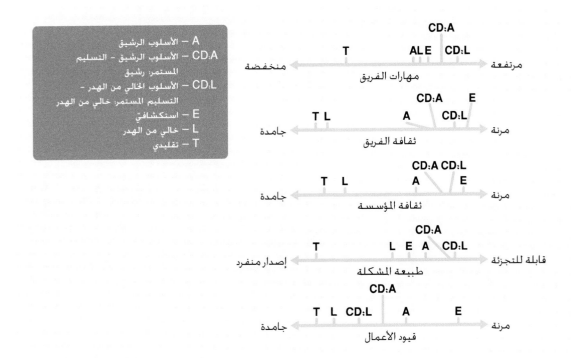

الشكل 15.6 عوامل اختيار دورة الحياة.

3. **طبيعة المشكلة.** تنجح دورات حياة التسليم المستمر عندما يمكنك البناء والإصدار في دفعاتٍ صغيرةٍ جدًا. دورات الحياة الأخرى في التسليم الرشيق المنظم تنجح في الدفعات الصغيرة. دورة الحياة التسلسلية مُعدة بالذات للإصدارات الكبيرة.
4. **قيود الأعمال.** المشكلة الرئيسية هنا هي إتاحة الأشخاص المعنيين واستعدادهم، رغم أن مرونة الأمور المالية / التمويل جوهرية أيضًا. أما دورة الحياة الاستكشافية فتتطلب عقلية مرنة وتجريبية وموجّهة للعملاء من جانب الأشخاص المعنيين. الأسلوب الرشيق، لأنه يميل إلى إصدار برنامجٍ وظيفيٍ كامل الخصائص، يتطلب أيضًا مرونة في التعامل مع الأشخاص المعنيين. من المثير للدهشة هو أن دورات حياة التسليم المستمر تتطلب مرونة أقل مع الأشخاص المعنيين نتيجة لقدرتها على إصدار برنامجٍ وظيفيٍ غير مُفعّل، ما يتيح إمكانية أكبر للتحكم في وقت إصدار أي شيء (ببساطة عن طريق تفعيله).

يتضمن هدف تطوير طريقة العمل مرحلة اتخاذ قرار تغطي الموازنات المتعلقة بدورات الحياة الست في التسليم الرشيق المنظم، بالإضافة إلى غيرها التي لا يدعمها التسليم الرشيق المنظم بوضوحٍ حتى الآن (مثل دورة الحياة التسلسلية).

دورات حياة مختلفة بمعالم مشتركة

في كثيرٍ من المؤسسات التي ساعدناها في تبنّي الأسلوب الرشيق، كانت القيادة العليا، وغالبًا أيضًا الإدارة المتوسطة، تتردد في البداية في السماح لفرق التسليم باختيار طريقة عملهم. يكمن التحدي في أن عقليتهم التقليدية غالبًا تخبرهم أنه على فرق العمل اتّباع نفس "طريقة العمل القابلة للتكرار" حتى يتسنى للقيادة العليا الإشراف عليهم وتوجيههم. ثمة مفهومان خاطئان جوهريان يتعلقان بهذه العقلية: الأول أنه يمكننا تحقيق حوكمة مشتركة عبر فرق العمل دون الحاجة إلى فرض طريقة عمل واحدة. أحد العوامل الجوهرية التي تساعد في هذا هو تبنّي معالم مشتركة قائمة على المخاطر (وليس على المنتجات) عبر دورات الحياة. هذا بالضبط ما يفعله التسليم الرشيق المنظم، وهذه المعالم المشتركة يبينها الشكل 16.6. الثاني هو أن النتائج القابلة للإعادة أهم بكثيرٍ من طرق العمل القابلة للإعادة. يريد الأشخاص المعنيون منا أن ننفق استثمارهم في تقنية المعلومات بحكمة. فهم يريدوننا أن نُنتج - ونُطور - حلولاً برمجيةً تفي باحتياجاتهم الفعلية. كما أنهم يريدون هذه الحلول بسرعة. هم يريدون حلولاً برمجيةً تمكنهم من المنافسة بفاعلية في السوق. هذه هي أنواع المُخرجات التي يرغب الأشخاص المعنيون في الحصول عليها مرة بعد مرة. فهم في الحقيقة لا يهتمون بطرق العمل التي نتبعها لأداء هذا الأمر. لمعرفة المزيد عن استراتيجيات الحوكمة الفعالة لفرق العمل الرشيقة / الخالية من الهدر، انظر هدف حوكمة الفريق.

الشكل 16.6 معالم شائعة عبر دورات الحياة.

الآن لنستكشف بمزيد من التفصيل المعالم القائمة على المخاطر في التسليم الرشيق المنظم.

1. **رؤية الأشخاص المعنيين.** الهدف من مرحلة التأسيس هو قضاء وقت قصير لكن كافي. عادةً يكون أيامًا قليلة إلى أسابيع قليلة، للحصول على موافقة الأشخاص المعنيين على أن تبدو البداية منطقية وأن يتعين عليهم المُضي قدمًا إلى مرحلة الإنشاء. بتناول كل هدف من أهداف مرحلة التأسيس في التسليم الرشيق المنظم، سوف يحصل فريق التسليم على معلومات المشروع التقليدية المتعلقة بالنطاق والتقنية والجدول الزمني والميزانية والمخاطر **المبدئية** كلها بالإضافة إلى معلومات أخرى، ولو في أبسط صورةٍ ممكنة. تُجمع هذه المعلومات وتُقدم إلى الأشخاص المعنيين كبيان رؤية، بحسب الوارد في هدف تطوير رؤية مشتركة. صيغة الرؤية ورسمية المراجعة تختلف باختلاف الحالة. إحدى الممارسات المعتادة أن تُجرى مراجعة مجموعة صغيرة من الشرائح مع الأشخاص المعنيين الرئيسيين في نهاية مرحلة التأسيس لضمان أن يكون الجميع متفقين على الغرض من المشروع وأسلوب التسليم.
2. **معمارية مُثبتة.** الحد المبكر من المخاطر يعتبر جزءًا من أي نظام هندسةٍ جيد. كما يشير هدف الإثبات المبكر للهيكلة، توجد استراتيجيات عديدة يمكنك تبنّيها. أكثر هذه الاستراتيجيات فاعلية هو أن تبني هيكلاً كاملاً للنص البرمجي العامل الذي ينفذ متطلبات الأعمال التي تتضمن مخاطر تقنية. إحدى المسؤوليات الرئيسية لمالك المعمارية في التسليم الرشيق المنظم هي التعرف على المخاطر أثناء مرحلة التأسيس. ويُتوقع أن يكون قد تم الحد من هذه المخاطر أو التخلص منها بتنفيذ برنامجٍ وظيفيٍ في مكانٍ ما بين تكرارٍ واحد وثلاثة تكرارات في مرحلة الإنشاء. كنتيجة لتطبيق هذا الأسلوب، غالبًا تبين المراجعات / العروض التجريبية المبكرة للتكرار قدرة الحل البرمجي على دعم المتطلبات غير الوظيفية بالإضافة إلى، أو بدلاً عن، المتطلبات الوظيفية. لهذا السبب، من المهم منح الفرصة للأشخاص المعنيين ذوي المهارة في الهيكلة للمشاركة في مراجعات المعالم هذه.

المراحل الصريحة والحوكمة تجعل الأسلوب الرشيق أكثر قابلية للإدارة

لقد احتل دانيال غانيون الصدارة في ممارسة الأسلوب الرشيق والتسليم لما يقارب عقدًا من الزمان في اثنتين من كبرى المؤسسات المالية في كندا. لقد قال ما يلي عن الأسلوب الرشيق المنظم كمجموعة شاملة: "في كلتا المؤسستين الماليتين اللتين عملت بهما، بدأت في إظهار المزايا الواقعية لاستخدام الأسلوب الرشيق المنظم بوصفه أسلوبًا فائقًا. يظهر بوضوح من تصميم طريقة العمل في المؤسسات الكبرى والمعقدة وجود الحاجة إلى عددٍ كبيرٍ من عمليات التنفيذ المرتبطة بالسياق لدورات الحياة الأربع (الآن خمس)، والأسلوب الرشيق المنظم يتيح نطاقًا من الاحتمالات التي لا يوفرها أي إطار عملٍ آخر. لكننا نسمي هذا "الحرية المنظمة" حيث إن جميع الخيارات لا تزال تتبع تطبيق الأسلوب الرشيق المنظم لمراحل التأسيس والإنشاء والنقل بمعالم خفيفة قائمة على المخاطر. هذه المراحل مألوفةٌ لمكتب إدارة المشاريع، أي أننا لا نشن هجومًا مستعرًا على حصنهم الحصين، لكننا فقط نطرح تغييرًا في أسلوب الحوكمة بطريقةٍ تكراريةٍ وتدريجيةٍ وخاليةٍ من الهدر."

3. **الصلاحية المستمرة.** أحد المعالم الاختيارية التي يمكنك ضمّها إلى الجدول الزمني للإصدار هو ذاك الذي يتعلق بصلاحية المشروع. في أوقات معينة أثناء مشروعٍ ما، قد يطلب الأشخاص المعنيون نقاط فحص للتأكد من أن الفريق يعمل نحو الرؤية المُتفق عليها في نهاية مرحلة التأسيس. وضع جدولٍ زمني لهذه المعالم يضمن إحاطة الأشخاص المعنيين بالتواريخ الرئيسية التي يتعين عليهم فيها الاجتماع بالفريق لتقييم حالة المشروع والاتفاق على التغييرات حسب الضرورة. قد تشمل هذه التغييرات أي شيء، مثل مستويات التمويل، أو تشكيل الفريق أو النطاق أو تقييم المخاطر أو حتى احتمالٍ إلغاء المشروع. قد يوجد العديد من هذه المعالم في المشروعات طويلة الأمد. إلا أن الحل الحقيقي - بدلاً من إجراء مراجعة المعالم هذه - هو إصدار المُخرجات للإنتاج بوتيرةٍ أكبر. الاستخدام الفعلي، أو عدمه، هو ما سيعبر بوضوحٍ شديد عن صلاحية الحل البرمجي من عدمها.
4. **برنامج وظيفي كافي.** إن إنتاج حلٍ برمجي قابلٍ للاستهلاك في نهاية كل تكرار هو أمر يستحق العناء (وهو ما يسميه إسكرام منتجًا مرشحاً للشحن)، إلا أنه من الشائع أن تدعو الحاجة إلى عدة تكرارات في مرحلة الإنشاء قبل أن يتمكن الفريق من تنفيذ وظيفة كافية للنشر. يُشار إلى هذا أحيانًا باسم الحد الأدنى المقبول للمنتج (MVP)، لكنه ليس دقيقًا من الناحية التقنية حيث إن الحد الأدنى المقبول للمنتج، كلاسيكيًا، يُقصد به اختبار صلاحية المنتج أكثر من كونه مؤشرًا على الحد الأدنى للوظيفة القابلة للنشر. المصطلح الأدق الذي يمكنه التعبير عن هذا المَعلم هو "الحد الأدنى لمجموعة الخصائص" أو "الحد الأدنى لزيادة الأعمال" (MBI)، كما يبين الشكل 11.6. الحد الأدنى لزيادة الأعمال هو أصغر التحسينات الصالحة لمنتجٍ / خدمة موجودة بالفعل والتي تقدم قيمة محققة للعميل. يتضمن الحد الأدنى لزيادة الأعمال واحدة أو أكثر من الحد الأدنى من المميزات القابلة للتسويق (MMFs)، وهذه الأخيرة تقدم مخرجات إيجابية للمستخدمين النهائيين لحلولنا البرمجية. قد يحتاج المنتج أن يجري تنفيذه من خلال مجموعة من قصص المستخدم. على سبيل المثال، البحث عن عنصر في نظام تجارة إلكترونية لا يضيف قيمةً للمستخدم النهائي إن لم يضِف أيضاً إلى عربة التسوق العناصر التي يعثر عليها. يتحقق مَعلم البرنامج الوظيفي الكافي في نهاية مرحلة الإنشاء عندما يتم إنتاج الحد الأدنى لزيادة الأعمال، بالإضافة إلى أن تكلفة نقل الإصدار إلى الأشخاص المعنيين تكون حينئذٍ مُبررة. كمثالٍ على هذا، بينما قد تكون دفعة الحل البرمجي القابل للاستهلاك متاحةً في نهاية كل تكرار يستغرق أسبوعين، قد يستغرق الأمر عدة أسابيع لنشره في بيئة تتسم بمستوى عالٍ من الامتثال، لذا قد تكون تكلفة النشر غير مُبررة حتى يتم إنجاز قدر كبير من البرنامج الوظيفي.
5. **جاهزية الإنتاج.** بمجرد تطوير البرنامج الوظيفي الكافي واختباره، تدعو الحاجة، بطبيعة الحال، إلى إنجاز الأنشطة المتعلقة بالنقل مثل تحويلات البيانات، واختبار القبول النهائي، والإنتاج، والتوثيق المتعلق بالدعم. في الوضع المثالي، يجري أداء الكثير من العمل باستمرار في مرحلة الإنشاء، كجزءٍ من إنجاز كل دفعة من البرنامج الوظيفي. عند نقطةٍ ما، تدعو الحاجة إلى اتخاذ قرار بأن الحل البرمجي جاهز للإنتاج، وهو الغرض من هذا المَعلم. دورتا الحياة القائمتان على المشروع تتضمنان مرحلة نقل حيث يجري عادةً تنفيذ مَعلم الجاهزية للإنتاج كمراجعة. على النقيض من ذلك، في دورتي حياة التسليم المستمر، نشاط النقل / الإصدار يكون آليًا بالكامل حيث يتم التعامل مع هذا المعلم بطريقةٍ مبرمجة - عادةً يجب أن يمر الحل البرمجي باختبار الانحدار الآلي، ويجب أن تحدد أدوات التحليل الآلية أن يكون الحل البرمجي ذا جودةٍ كافية.

الحد الأدنى المقبول للمنتج مقابل الحد الأدنى لزيادة الأعمال

يقدم دانيال غانيون هذه النصيحة: فكِّر في الحد الأدنى المقبول للمنتج كشيء تفعله المؤسسة لأسبابٍ **أنانية**. جُل الأمر يدور حول التعلم، ليس حول إمداد العملاء بحلٍ برمجيٍ متكامل (وأحيانًا حتى حل برمجي يعمل بطريقة غير مفهومة!)، بينما الحد الأدنى لزيادة الأعمال يتسم بكونه **إيثاريًا** - فالأمر كله يدور حول احتياجات العملاء.

الفصل السابع

النجاح المنظم

بعض الناس قد وصفوا التسليم الرشيق المنظم بأنه "معقد" لأنه يركز على مساعدتك في اختيار طريقة عمل تناسب الغرض منها، بدلاً من إخبارك ببساطة عن مجموعة صغيرة من "أفضل الممارسات" التي تحتاج إلى اتباعها. وهذا مؤسف، فالحقيقة المزعجة هي أن التسليم الفعال للحلول البرمجية لم يكن ولن يكون بالأمر البسيط. فمجموعة الأسلوب الرشيق (Agile) المنظم ببساطة تعكس التعقيد الأصيل الذي نواجهه نحن المحترفين في السياقات المؤسسية، كما أنها توفر لك الأدوات التي تساعدك في التعامل مع هذا التعقيد.

إن كنت تتبنّى الأسلوب الرشيق، فأنت بالفعل تستخدم الأسلوب الرشيق المنظم

خذ إسكرام مثالاً. إسكرام هو مجموعة فرعية من اثنتين من دورات حياة التسليم الرشيق المنظم. لذا فإن كنت فقط تتبنّى إسكرام، فأنت بالتالي تطبق نوعًا من التسليم الرشيق المنظم. لكن إن كان إسكرام هو كل ما لديك، فربما غابت عنك بعض الأمور التي يجب عليك التفكير فيها، أو ربما لا تستخدم بعض الممارسات التكميلية التي ترفع مستوى الفاعلية لديك إلى أقصى حد. لقد رأينا من واقع خبرتنا أنك إن كنت تَلقى صعوبةً في استخدام الأسلوب الرشيق بفاعلية، فربما خفيت عنك الاستراتيجيات التي قد تساعدك أو أنك تتلقى المشورة من مدربين لا يمتلكون الخبرة أو المعرفة في الأسلوب الرشيق أو قد يكونوا أصوليين.

الأسلوب الرشيق المنظم هو تطبيق الأسلوب الرشيق على المستوى المؤسسي

للأسف يعُجّ مجالنا بما يُسمى "رواد الفكر" الذين يظنون أن طريقتهم - غالبًا لأنها الشيء الوحيد الذي يتقنونه - هي الطريقة الصحيحة ولا شيء غيرها. الأسلوب الرشيق المنظم مبني على ملاحظات تجريبية من نطاقٍ واسعٍ من المجالات والمؤسسات وجميع أنواع المبادرات، القائم منها على المشاريع وتلك القائمة على المنتجات، كبيرها وصغيرها. المرونة والقابلية للتكييف الأصيلتان في الأسلوب الرشيق المنظم تعتبران أحد الأسباب التي تجعله منهاجًا نافعًا. يبدو الأسلوب الرشيق المنظم **منطقيًا** لأنه يدعم:

1. الأساليب الواقعية الصالحة لجميع الحالات **بدلاً من** الأساليب الأصولية؛
2. القرارات المبنية على السياق **بدلاً من** الأساليب الجامدة التي تُفرض على جميع الحالات؛ و
3. الخيارات الاستراتيجية **بدلاً من** اتباع الأساليب الوصفية.

إن كنت تقتصر على إسكرام، فعلى الأرجح قد فاتتك فرص عظيمة للارتقاء بطريقة عملك. إسكرام في الواقع هو دورة حياة سيئة للغاية في كثيرٍ من الحالات، ولهذا تمتلك مؤسستك فرق عمل تتبنّى الأسلوب الحالي من الهدر / القائم على أسلوب كانبان، أو غيرها من الأساليب التي لا تتبع إسكرام، حتى في هذه اللحظة التي تقرأ فيها هذا الكلام. إن كنت تعتمد حصرًا على إسكرام، أو إطار قياس قائم على إسكرام، مثل الإطار الرشيق المتدرج (SAFe)، أو نيكسس (Nexus)، أو إسكرام واسعة النطاق (LeSS)، فنحن نوصيك بتوسيع آفاقك بالأسلوب الرشيق المنظم لتكتشف أساليب وممارسات أكثر ملاءمة.

تعلّم أسرع لتحقق نجاحًا مبكرًا

الأسلوب الرشيق مولعٌ بعبارة "افشل بسرعة" التي تعني أنه كلما عرض لنا الفشل أسرع وتعلمنا أسرع من أخطائنا، توصلنا أسرع إلى ما نحتاج. لقد رأينا من خبرتنا أنه بالاستعانة باستراتيجيات مُثبتة قائمة على السياق، يمكننا تجنب الفشل بصورةٍ أكبر وتحقيق النجاح مبكرًا. في عملنا اليومي، نتخذ القرارات باستمرار، لذا فنحن نعتبر الأسلوب الرشيق المنظم مجموعة اتخاذ القرارات المتعلقة بطريقة العمل. دون الاستعانة بالمجموعة التي تساعد في اتخاذ القرارات، أحيانًا نُغفل أمورًا تحتاج إلى نظر، أو نتخذ قرارات سيئة بشأن التقنيات التي تجب تجربتها لتحسين طريقة العمل. يُبرز الأسلوب الرشيق المنظم مراحل اتخاذ القرار لإتاحة مناقشتها وتوضيح ما ليس واضحًا. على سبيل المثال، عند بدء مبادرة في مرحلة التأسيس والاستعانة بمخطط هدف "تطوير استراتيجية الاختبار"، فهذا يشبه مدربٍ يضع يده على كتفك بينما يخبرك: "كيف سنختبر هذا الشيء؟"؛ "ما البيئات التي نحتاجها؟"؛ "من أين سنحصل على البيانات؟"؛ "ما الأدوات التي سنستخدمها؟"؛ "ما حجم الأتمتة في مقابل العمل اليدوي؟"؛ و"هل نبدأ بالاختبار أم نؤجله للنهاية؟" بإبراز هذه القرارات الجوهرية للنظر فيها بوضوح من قِبل الفريق، فنحن نحد من مخاطرة إغفال بعض الأمور ونزيد من فرص اختيار الاستراتيجية التي تنجح في الحالة التي بين أيدينا. نسمي هذا الأسلوب التحسين المستمر الموجه (GCI).

استخدم متصفح الأسلوب الرشيق المنظم

لقد نشرنا مخطط الهدف عبر الموقع الإلكتروني:
PMI.org/disciplined-agile/process/introduction-to-dad/process-goals حتى يمكنك الرجوع إليه سريعًا. إن كنت ترغب في الاطلاع على التفاصيل خلف مخططات الأهداف، يمكنك زيارة الموقع الإلكتروني: PMI.org/disciplined-agile/da-browse.r في الممارسة الفعلية، نشير بانتظامٍ إلى مخططات الأهداف في التدريب لنوضح لماذا تكون بعض الممارسات أقل فاعلية من غيرها في مواقف معينة، وما البدائل التي يجب أن نفكر فيها. اختر أداتك المفضلة للتقييم بأثر رجعي، وإن كان فريقك يلقى صعوبةً في تحقيق أحد الأهداف بفاعلية، راجع الخيارات والأدوات التي يمكنك تجربتها لتصحيح الموقف. إن كنت مدربًا، يجب أن يجعلك الأسلوب الرشيق المنظم أكثر فاعلية في مساعدة فرق العمل في فهم الخيارات والموازنات المتاحة لهم.

استثمر في الحصول على الاعتماد للاحتفاظ بالمعرفة التي اكتسبتها

نحن واثقون أنك قد تعلمت تقنيات جديدة في هذا الكتاب سوف تجعلك أفضل في ممارسة الأسلوب الرشيق، ما يزيد فرص نجاحك في مبادراتك. المهم هو ألّا تترك هذه المعرفة الجديدة تذهب طي النسيان. نحن نشجعك على ترسيخ هذه المعرفة الجديدة بدراسة المحتوى للاستعداد لاختبارات الاعتماد. الاختبارات صعبة، لكن النجاح فيها يكسبك اعتمادًا موثوقًا وقيّمًا يستحق أن تضيفه إلى ملفك الشخصي على LinkedIn. لقد لاحظت الشركات التي عملنا معها أن فرق العمل التي استثمرت في التعلم والحصول على الاعتماد تستطيع اتخاذ قراراتٍ أفضل وهي بالتالي أكثر فاعلية من الفرق التي لا تفهم خياراتها وموازناتها. القرارات الأفضل تؤدي إلى نتائج أفضل.

عليك الاستثمار في تعلم هذه المادة وإثباتها من خلال الاعتماد. سوف يجعلك هذا أفضل في ممارسة الأسلوب الرشيق، ومن حولك سيلاحظون هذا. يمكنك معرفة المزيد عن رحلة اعتماد الأسلوب الرشيق من PMI عبر زيارة الموقع الإلكتروني: PMI.org/certifications/agile-certifications.

من فضلك شارك في الأمر

نقترح أيضًا أن تشترك في مجتمع الأسلوب الرشيق (Agile) المنظم. يُنتج هذا المجتمع أفكارًا وممارساتٍ جديدة ويدمجها باستمرار في الأسلوب الرشيق المنظم. لنتعلم بعضنا من بعض ونسعى للاستمرار في التعلّم واحتراف مهنتنا.

عن المؤلفين

سكوت أمبلر هو نائب رئيس معهد إدارة المشاريع وكبير علماء الأسلوب الرشيق (Agile) المنظم بالمعهد حيث يرأس تطوير مجموعة الأسلوب الرشيق (Agile) المنظم. شارك سكوت مع مارك لاينز في تأليف مجموعة الأسلوب الرشيق (Agile) المنظم كما أنه مؤسس منهجيات **نمذجة الأسلوب الرشيق (Agile) وبيانات الأسلوب الرشيق (Agile) وطريقة العمل المؤسسية الموحدة**. كما شارك في تأليف العديد من الكتب، مثل **التسليم الرشيق المنظم، وتعديل قواعد البيانات، ونمذجة الأسلوب الرشيق (Agile)، وتقنيات قواعد البيانات الرشيقة، ودليل مطور التطبيق لتوجيه الكائن – الإصدار الثالث**، وغيرها. سكوت أيضًا متحدث رئيسي ذو جماهيرية في المؤتمرات كما أن له مدونة على موقع ProjectManagement.com ويمكنك متابعة حسابه على موقع تويتر عبر scottwambler@.

مارك لاينز هو نائب رئيس معهد إدارة المشاريع للأسلوب الأسلوب الرشيق (Agile) المنظم وزميل الأسلوب الرشيق (Agile) المنظم. كما شارك في تأليف مجموعة الأسلوب الرشيق (Agile) المنظم وشارك مع سكوت أمبلر في تأليف العديد من الكتب حول الأسلوب الرشيق (Agile) المنظم. مارك أيضًا متحدث رئيسي ذو جماهيرية في المؤتمرات ويمكنك متابعة حسابه على موقع تويتر عبر mark_lines@.